LES GRANDS ARTISTES

REMBRANDT

LES GRANDS ARTISTES

COLLECTION D'ENSEIGNEMENT ET DE VULGARISATION

Placée sous le Haut Patronage

DE

L'ADMINISTRATION DES BEAUX-ARTS

Volumes parus :

Boucher, par Gustave Kahn.
Chardin, par Gaston Schefer.
Louis David, par Charles Saunier.
Eugène Delacroix, par Maurice Tourneux.
Donatello, par Arsène Alexandre.
Douris et les peintres de vases grecs, par E. Pottier.
Albert Dürer, par Auguste Marguillier.
Fragonard, par Camille Mauclair.
Gros, par Henry Lemonnier.
Hogarth, par François Benoit.
Ingres, par Jules Momméja.
La Tour, par Maurice Tourneux.
Léonard de Vinci, par Gabriel Séailles.
Claude Lorrain, par Raymond Bouyer.
Lysippe, par Maxime Collignon.
J.-F. Millet, par Henry Marcel.
Percier et Fontaine, par Maurice Fouché.
Poussin, par Paul Desjardins.
Praxitèle, par Georges Perrot.
Pierre Puget, par Philippe Auquier.
Raphaël, par Eugène Muntz.
Rembrandt, par Émile Verhaeren.
Rubens, par Gustave Geffroy.
Titien, par Maurice Hamel.
Van Dyck, par Fierens-Gevaert.
Velazquez, par Élie Faure.
Watteau, par Gabriel Séailles.

Volumes à paraître :

Fra Angelico, par André Pératé.
Jean Goujon, par Paul Vitry.
Jordaëns, par Fierens-Gevaert.
Meissonier, par Léonce Bénédite.
Ruysdael, par Georges Riat.

3028-04. — Corbeil. Imprimerie Éd. Crété.

LES GRANDS ARTISTES

LEUR VIE — LEUR ŒUVRE

REMBRANDT

PAR

ÉMILE VERHAEREN

BIOGRAPHIE CRITIQUE

ILLUSTRÉE DE VINGT-QUATRE REPRODUCTIONS HORS TEXTE

1904

PARIS
LIBRAIRIE RENOUARD
HENRI LAURENS, ÉDITEUR
6, RUE DE TOURNON (VIe)

REMBRANDT VAN RYN

I. — La place de Rembrandt dans l'art hollandais.

Ceux qui, ces derniers temps, ont jugé Rembrandt l'ont mesuré à l'aune de leur critique exacte, intelligente et renseignée. Ils se sont appliqués à détailler sa vie année par année, joie par joie, deuil par deuil, malheur par malheur. Il en est résulté que nous le connaissons par le menu, que nous nous intéressons à sa manie de collectionneur, que nous savons ses vertus domestiques, ses ferveurs paternelles, ses amours ancillaires, sa prospérité, sa ruine et sa mort. Un inventaire conservé jusqu'à nos jours et des documents relatifs à la tutelle de son fils, ont permis à certains critiques de pénétrer comme des comptables dans l'existence de ce grand homme. Leurs analyses méticuleuses se sont acharnées comme autant de fourmis sur sa grande renommée : on l'a déshabillé, certes avec respect, mais surtout avec une curiosité cruelle, et à cette heure, il apparaît nu et tourmenté comme ce Christ à la colonne qu'il peignit pour se consoler, dit-on, de ses créanciers. Il aurait pu le peindre en songeant à ses analystes futurs.

La science moderne patiente, émietteuse, tatillonne, qui n'opère qu'avec des instruments précis, s'est réjouie d'avoir à inventorier un si large morceau de gloire. Elle l'a marqué à coups de dents menues, elle lui a rongé les angles, mais n'est point parvenue à en creuser par le dedans la masse énorme, magnifique et ténébreuse. C'est une critique, non pas par le dehors, mais au contraire par le dedans, que nous essayerons de produire ici.

La théorie de M. Taine sur la race, le moment et le milieu aurait à se montrer très subtile et très ingénieuse pour s'appliquer, sans qu'on la violentât, au génie d'Harmensz Rembrandt van Ryn, peintre magnifique et triste qui hante plus despotiquement peut-être que le Vinci lui-même, l'imagination et le rêve de ce temps-ci.

Comme tous les artistes de première grandeur, ni sa race, ni son milieu, ni l'heure de sa venue ne l'expliquent suffisamment.

Que les Metsu, les Terburg, les Pieter de Hooch ou bien les Brouwer, les Steen, les Craesbecke, les van Ostade subissent ces lois esthétiques, on l'admet. Ils sont les expressions de leur pays calme, propret, sensuel, bourgeois. Ils viennent en un temps de bien-être et de luxe. La prospérité et la gloire récompensent la Hollande de sa lutte séculaire contre la nature et contre les hommes. Ils ont, ces petits maîtres, toutes les qualités et les défauts de leurs concitoyens. Leur cerveau ne les tourmente pas, ils ne se haussent pas jusqu'aux grandes idées que proclament la Bible et l'histoire; ils n'ont pas senti la détresse et le deuil filtrer à travers leur chair, ils n'engloutissent point l'universelle humanité dans l'abîme d'un cœur ; les cris, les pleurs, les affres qui roulent de siècle en siècle et dont les patriarches Abraham, Isaac, Jacob, les rois Saül, David et Assuérus, les apôtres, les saintes femmes, la Vierge, le Christ ont recueilli le torrent dans leur âme, ne les inquiètent guère.

Au milieu d'eux, Rembrandt apparaît comme un prodige. Ou bien c'est lui qui exprime la Hollande, ou bien c'est eux. Il leur est opposé ; il leur est contraire. Eux et lui ne peuvent la représenter à une même heure de son histoire. Les partisans de la théorie tainienne sont dans l'obligation de choisir entre ces deux antithèses et leur choix ne peut être douteux.

Rembrandt aurait pu naître n'importe où. A n'importe quel moment, son art aurait été pareil. Peut-être eût-il omis de peindre une *Ronde de nuit*. Peut-être, en son œuvre, eût-on rencontré moins de bourgmestres et de syndics. Mais le fond n'eût point changé. Il se serait peint lui-même, avec un égoïsme admiratif et puéril, il aurait multiplié les traits des siens, enfin il eût recueilli partout, à travers le monde pathétique des légendes et des textes sacrés, les larmes et les beautés de la douleur.

Il a réalisé à son heure l'œuvre de Dante (XIIIe siècle), l'œuvre de Shakespeare et de Michel-Ange (XVIe siècle) et quelquefois, il fait songer aux prophètes. Il est debout sur les grands sommets qui dominent les temps et les races et les pays. Il est de nulle part, parce qu'il est de partout.

Son histoire s'explique aisément si l'on tient compte de la spontanéité et de l'individualité élargie des génies. Certes, nul artiste n'échappe radicalement aux ambiances, mais la part de lui-même qu'il leur abandonne est variable, infiniment.

Telles natures ardemment trempées marquent la réalité à leur effigie au lieu d'en recevoir l'empreinte. Ils donnent beaucoup plus qu'ils n'acceptent. Si plus tard, dans l'éloignement des siècles, ils semblent traduire mieux que personne leur temps, c'est qu'ils l'ont recréé d'après leur cerveau et qu'ils l'ont imposé non pas tel qu'il était, mais tel qu'ils l'ont déformé. La France au XIXe siècle fut bien plus façonnée qu'exprimée par Bonaparte.

La Hollande au XVIIe siècle s'est éloignée de Rembrandt. Elle ne l'a ni compris, ni soutenu, ni célébré. A part quelques élèves et quelques amis, le peintre ne range, autour de lui, personne. De son vivant, Mierevelt, et, plus tard, van der Helst représentaient aux yeux du monde l'art néerlandais. Si aujourd'hui ces portraitistes sont descendus des sommets de la gloire pour s'asseoir à mi-côte de la montagne, c'est que l'Europe entière a reconnu et proclamé la maîtrise de Rembrandt. Il eut à subir les préférences de la foule pour les médiocres. Il apparaissait trop extraordinaire, trop mystérieux, trop grand. Les petits maîtres néerlandais ou bien peignaient des sujets gracieux et mondains, ou bien instauraient dans leurs

Cliché Hanfstaengl.

LA PRÉSENTATION AU TEMPLE (1631).
(Musée de La Haye.)

toiles la gaieté facile, l'espièglerie, la grivoiserie, la farce, la fête. Leur humeur était celle des buveurs francs, des lurons échauffés, des coureurs de filles. Ils étaient bons enfants. Si leurs études de mœurs frisaient le péché, encore le côtoyaient-ils en souriant et en chantant.

Ils n'y mettaient aucune outrance. Certes, l'*Ivrognesse* de Steen ne convenait guère à la sévérité d'un appartement bourgeois, mais après tout quel vieil Amsterdamois ne s'était oublié, lui aussi, en se cachant aux yeux de tous, à boire au fond d'une maison borgne ?

Le vice national se reflétait comme en un miroir dans les panneaux des peintres. On les condamnait en public, on les adorait en secret. Leur jolie peinture, aux tons nacrés et fins, au dessin surveillé, au fignolage précieux, charmait. Quelques-uns d'entre eux, tels Pieter de Hooch, Terburg, Vermeer de Delft, furent des artistes merveilleux. Ceux qui les aimaient d'un amour exclusif appuyaient leurs préférences, solidement.

Rembrandt, indépendant et farouche, surgissait au milieu de ces apprivoisés. Quand il riait, il scandalisait par l'audace de sa folie. Aucune retenue. On pouvait à la rigueur excuser *Ganymède*, mais *Actéon surprenant Diane et ses nymphes* ?

Ceci n'était plus la farce, mais le vice dans son impudeur la plus crue.

D'outre en outre, le peintre traversait les cloisons des conventions et des préjugés. Il froissait, heurtait, et bouleversait. En tout, il allait jusqu'au bout.

Dans l'*Actéon*, c'était l'excès du vice; dans *Jacob reconnaissant la tunique ensanglantée de Joseph*, c'était l'excès du désespoir; dans les *Disciples d'Emmaüs*, c'était l'excès de l'ineffable. La norme était franchie, constamment. Or, la norme, ni trop, ni trop peu, c'est l'idéal même de cet être tranquille, modéré, lent, pratique et bourgeois qu'est au fond tout vrai et authentique Hollandais.

Catz, le poète moraliste, le comprit. Comme ces maisons construites juste à la hauteur des digues et que les flots ne submergent jamais, son œuvre est au niveau des mœurs et des pratiques de son peuple. Sa sagesse est souriante, ses idées saines, ses proverbes indiscutables. Aujourd'hui encore dans les conseils des maîtres à leurs sujets, des parents à leurs enfants, des gouvernants à leurs gouvernés, les axiomes trouvés par lui au fond de son bon sens servent à renforcer la monotonie des discours ou des prêches. On ne trouve en ses quatrains et ses dixains aucune idée profonde, aucune brûlure d'éclair ni de génie; mais le ton est bonhomme, la philosophie surveillée, la parole aisée, l'observation solide et courte. Comme les peintres de mœurs et de facéties, Catz est à l'opposé de toute violence, de toute profondeur, de toute sublimité. Il comprend peu, mais ce qu'il découvre est bien à la portée de tous, ici, à fleur de sol et non pas là-haut, du côté des étoiles.

D'ordinaire, on explique par de petites raisons la défaveur qui accabla Rembrandt, après l'achèvement de la *Ronde de nuit*.

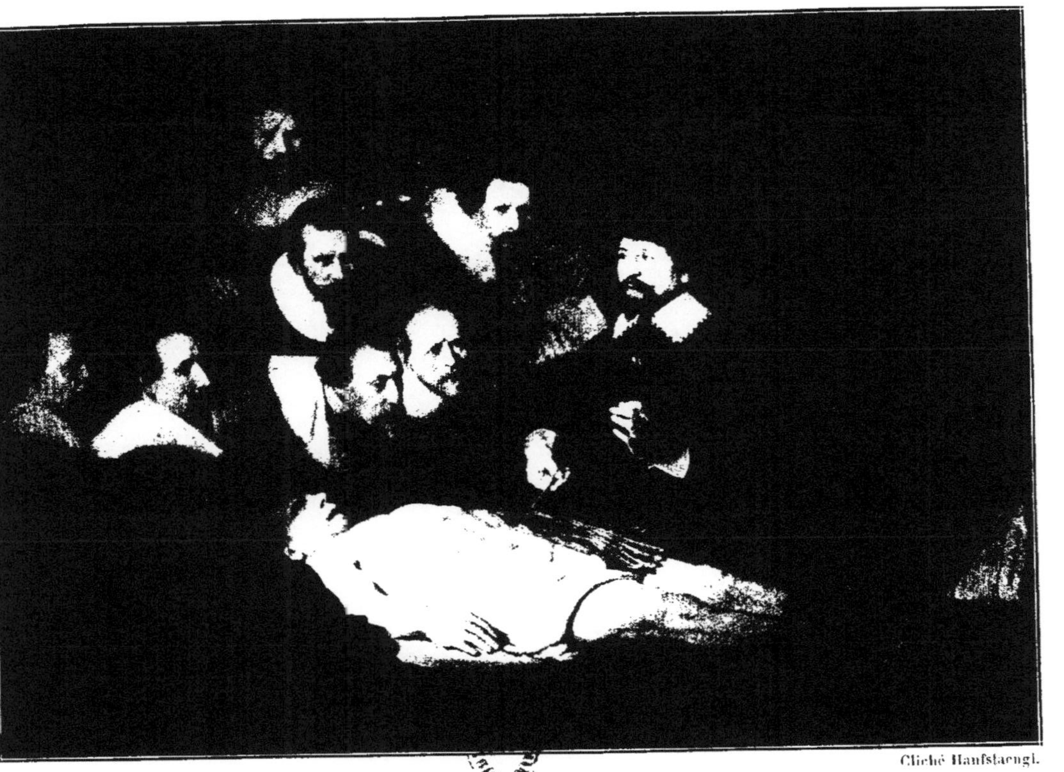

Cliché Hanfstaengl.

LA LEÇON D'ANATOMIE DU PROFESSEUR TULP (1632).
(Musée de La Haye.)

Les notables qui figuraient dans cette œuvre auraient blâmé publiquement le peintre d'avoir pris trop de liberté dans la conception et l'arrangement de son travail. Ils ne se seraient point reconnus dans tel ou tel personnage. La répartition des places n'aurait point été faite équitablement, d'autant qu'ils avaient payé chacun cent florins pour être au premier rang. Ce sont là des raisons superficielles. Si Rembrandt s'est brouillé avec ses concitoyens sur une question d'art et si cette brouille s'est perpétuée jusque vers la fin de sa vie, c'est qu'il y avait entre eux désaccord fondamental. La *Ronde de nuit* fut le prétexte et l'occasion. Le génie de Rembrandt fut la cause.

Cette discordance fatale entre les génies et leur milieu géographique prouverait à elle seule qu'ils n'en sont point l'expression.

Ils s'y manifestent comme des brouillons et des révoltés, comme des êtres farouches uniquement préoccupés de dire une vérité qu'eux seuls détiennent et dont leurs contemporains n'ont souci.

La plupart d'entre eux vivent et meurent comme Rembrandt, à l'écart, si pas à l'abandon, n'ayant d'espoir qu'en une élite qu'ils étonnent d'abord, qu'ils conquièrent et dominent ensuite. Sans elle, on les traiterait de fous, on les enfermerait.

L'élite qui sauva Rembrandt se composait de son ami le bourgmestre Six, du calligraphe Coppenol, du collectionneur Claes Berchem et des élèves du maître.

Rembrandt est un monstre aux yeux de la masse. Il vit

dans un monde supérieur et merveilleux que son imagination porte en elle et qui devient son vrai milieu à lui. La légende éternelle abolit ou plutôt absorbe son temps et son heure en un temps et une heure éternels.

Il crée des architectures profondes et folles, il se promène en des sites de songe, il vêt ses personnages de costumes baroques ou somptueux : les hommes en or, grands prêtres, rabins et rois surgissent dans son art ; il invente, comme Shakespeare, toute une région de chimère et de poésie, et tout comme Shakespeare, il reste, malgré ces débauches de rêve et de splendeur, aussi profondément et foncièrement humain qu'il est possible de l'être. Oui, tous ces fabuleux agencements de décors, de lumières et de toilettes, oui, toute cette ivresse qui semble le douer du vertige des voyants, ne le distraient point un seul instant de l'humanité éternelle. Il unit tous les contrastes en une œuvre, il mêle en un sujet la vérité la plus saignante et crue à la fantaisie la plus imprévue et la plus libre ; il est le passé, le présent, le futur ; il est, pour tout dire, un de ces vivants prodigieux et rarissimes où respire et se développe et se manifeste l'idée que les poètes aiment à se faire de quelque dieu, s'incarnant de siècle en siècle en des êtres surhumains.

Pour nous, l'homme de génie demeure un problème ouvert à la critique future. Il apparaît en marge de l'espèce.

Peut-être, en des milieux spécialement favorables, créerait-il une race nouvelle, grâce à l'heureuse déformation de son cerveau, se fixant d'abord, par un croisement pro-

Cliché Giraudon.

ATELIER DE PEINTRE (dessin).

(Musée du Louvre.)

pice, en sa descendance directe, pour ensuite se transmettre largement à une postérité.

II. — La vie de Rembrandt.

Si le génie de Rembrandt se libère de son milieu et de son temps, fatalement la vie quotidienne l'y rattache. Elle l'enveloppe et le cerne comme pour le pénétrer.

Pendant la période de formation et de recherches, elle l'envahira ; mais dès que le peintre se sera conquis, c'est-à-dire dès qu'il sera le Rembrandt que nous étudions, il luttera avec elle, la reléguera aussi loin de lui que possible, se créera en pleine réalité âpre, une existence de rêve, une existence fastueuse, imaginaire et folle, qu'un jour il lui faudra abandonner comme un failli, comme un vaincu. Tel aura été le résultat de son inassimilation à son milieu.

Rembrandt naît à Leyde, le 15 juillet 1606, près des remparts, sur un des bras du Rhin qui traverse la ville. Ses parents? Harmen Gerritszoon (c'est-à-dire fils de Gerrits) et Neeltgen Willemsdochter (c'est-à-dire fille de Willem). Il est leur cinquième enfant. Harmen Gerritszoon est un bon bourgeois. Il veut que son fils, dans un milieu universitaire, soit un savant, « serve par sa science la cité et la république ». Rembrandt regimbe, refuse de se courber sur les livres. A treize ans, il entre dans l'atelier de Jacob van Swanenburgh, peintre médiocre, dont le nom n'existerait plus si Rembrandt ne l'avait prononcé comme le nom de son premier maître.

Harmen Gerritszoon est meunier. C'est donc dans un moulin, dans une maison de vent, de pluie et de soleil que s'est écoulée l'enfance de son fils.

Un moulin est ailé, il vibre, tremble, s'agite ; il tourne, il se meut, il change à chaque instant d'aspect, il n'appartient guère qu'à l'espace et à l'air ; tout l'infini le traverse. Pour un artiste, le moulin est un logis idéal. Il y peut étudier à l'intérieur mille effets de lumière presque surnaturelle et, dès qu'il en sort, toute la nature comme transfigurée apparaît devant lui. La première habitation de Rembrandt est donc située comme au delà de la vie. Plus tard quand il aura élu domicile dans les villes, sa préoccupation constante sera de se recréer quelque séjour idéal, qui lui rappelle celui de son enfance. Il n'y parviendra jamais. Il l'essayera toujours.

Après les premières leçons reçues chez Swanenburgh, il partit pour Amsterdam. Il entra en 1623 comme élève chez Lastman. Ce maître, comme la plupart de ses contemporains hollandais, inclinait vers l'art italien. Il travaillait en contrariant sa nature. Septentrional, il s'était épris d'un goût et d'un style étrangers et son œuvre hybride se diminuait au fur et à mesure qu'à ses yeux elle se rapprochait d'une décevante grandeur.

Pourtant il ne fut pas sans exercer sur Rembrandt une certaine influence. Peut-être la disposition asymétrique de ses sujets et l'accoutrement bizarre et exotique

Cliché Giraudon.

VUE DE VILLE (dessin).
(Musée du Louvre.)

de ses personnages lui ont-ils été suggérés par Lastman.

Après un dernier séjour à Leyde, Rembrandt se fixe définitivement à Amsterdam. Il y arrive en 1630.

Ville de marchands positifs et orgueilleux, que cette « Venise du Nord », au moment où l'indépendance de la Hollande, définitivement reconnue enfin par l'Espagne, lui donne un lustre et une prospérité soudaine. Son port se développe. Des maisons avec des frontons lourds, pareils à des pâtes ornementées, avec des guirlandes épaisses, des boules et des vases plaquant ou surmontant les pignons, avec des fenêtres multiples buvant le jour gris et brumeux, s'alignent au long des canaux. L'aspect en est cossu. Des matrones à collerette empesée, assises derrière les vitres, regardent, pendant des heures, la façade d'en face pareille à la leur. Peu de bruit. Tout est régulier, compassé, fixé, prévu. La vie y est tenue comme un papier commercial : lignes droites et chiffres. Les citoyens d'Amsterdam sont des puritains. La Réforme, ils l'ont conquise avec leur sang. Elle les fige dans sa fierté hautaine et calme, mais aussi dans sa tristesse. Ce que ces novateurs rapidement assagis redoutent le plus, c'est qu'à l'avenir on dérange encore la monotonie compassée et textuelle de leur existence. S'ils admettent la liberté dans la pensée, ils n'admettent point la liberté dans la conduite. Ils libèrent les idées, mais enchaînent les actes.

C'est en cette ville de préjugés, de convention et de réglementation à outrance, que Rembrandt travaille à se créer une vie spontanée, féerique et païenne.

En 1634, — à la suite d'on ne sait quelles occurrences heureuses. — il épouse, lui, fils de meunier, lui plébéien de race, dont le père n'a aucun nom, si ce n'est celui de fils de Gerrits, une patricienne frisonne, Saskia van Uylenburgh. Celle-ci compte parmi ses parents des magistrats, des écrivains, des pasteurs et même un peintre, Wybrand de Geest, représenté par une œuvre bonne au musée de Stuttgart. Saskia fut orpheline fort jeune. Une de ses six sœurs mariées la recueillit. Elle se maria quand elle eut l'âge de vingt-deux ans.

Avec quelle allégresse, quel emportement, quelle folie, Rembrandt dut la recevoir dans sa maison de Bloemengracht où des élèves déjà nombreux témoignaient de sa maîtrise et remplissaient son atelier ! Les fêtes devaient succéder aux fêtes comme les jours de joie aux jours de fièvre. La mesure et la règle si inviolables pour les bourgeois amsterdamois n'existaient pas pour cette famille d'artistes, unis entre eux et dominés par un génie naissant. Tous inauguraient et pour eux et pour lui le règne volontairement accepté, comme un joyeux despotisme, d'une reine fraîche, ardente et toute tendue vers l'amour et ses triomphes.

On connaît Saskia van Uylenburgh. Elle a pris rang dans l'art comme s'y sont imposées la Fornarina de Raphaël, l'Hélène Fourment de Rubens et la maîtresse de Titien. Un de ses premiers portraits (vers 1633) est au musée de Cassel. Et la voici déjà parée comme une princesse avec son grand chapeau d'un rouge assourdi,

Cliché « Société photographique », Paris.

SASKIA VAN UYLENBURGH (vers 1633-1634).
(Musée de Cassel.)

faisant une ombre sur son front, avec sa plume légère et oblique, avec sa robe bleue et ses aiguillettes d'or. Le type n'est guère d'une beauté convenue. Le teint est frais ; de petits yeux charmants luisent sous le front lisse ; un sourire fin et frêle laisse voir les dents vives et claires.

Rembrandt, grâce à son tempérament large et violent, devait être, devant ce regard de femme, celui qui aime à se laisser vaincre parce qu'il se sent trop fort. Sans doute, il lui accordera tout ce qui se lève de caprice et de fantaisie dans le champ rouge des désirs féminins ; il sera à ses genoux avec dévotion et ferveur. Elle, de son côté, sûre de sa puissance, ne redoutera point d'être l'épouse autant que la maîtresse, et leurs deux volontés s'exalteront dans ce don mutuel d'eux-mêmes.

Une page datée de 1635 — au musée de Dresde — nous les montre en liesse et en ripaille. L'énorme Rembrandt tient sa femme mince et petite sur ses genoux et lève à leur santé un verre énorme rempli de vin et d'écume. Les voici surpris dans l'intimité de leur existence débordante. Rembrandt en guerrier — baudrier doré et la rapière au flanc — ressemble à quelque reître galant qui s'amuse avec une fille. Il ne se doute pas du mauvais goût qu'on peut trouver à le voir se pavaner ainsi. Il ne voit qu'une chose : c'est que sa femme est belle et parée — corsage somptueux, jupe de soie, coiffe royale, colliers à médaillons — et qu'il faut qu'on l'admire. Il n'a peur ni de la vulgarité ni de l'ostentation. Il n'admet pour mesure que celle que lui tracent ses instincts, sa force et sa nature d'exception. Il vit dans un monde de rêve et de joie, loin des autres ; il ne peut lui venir à l'esprit qu'il scandalise et qu'on le blâme.

Plus tard, en 1636, il nous fera voir sa femme au lit, comme Candaule. La Danaé de l'Ermitage n'est autre que Saskia magnifiquement dévoilée et nue, tandis que tombe sur sa chair chaude et rayonnante l'or divin des légendes. Oh ! l'éblouissant festin d'amour ! Comme le corps est souple, d'un modelé gras et délicat, d'une juvénilité joyeuse et douce ; comme il s'anime de vie espiègle, sous les caresses du métal lumineux, comme il s'épanouit sous les chatouilles des beaux flots d'or ! Ce corps surpris en son intimité nous est détaillé, sans mensonge. Saskia sera pour Rembrandt tour à tour Danaé, Artémise, Bethsabée, elle incarnera les fiancées de Judée et les impératrices d'Orient, elle lui sera son rêve matérialisé, magnifié et grandi.

A cette reine de ses illusions, il faut un palais. Rembrandt le lui fournit. Tout ce que les pays lointains envoient d'étrange, d'extraordinaire, de féerique et de fou en Europe, tout ce que les navires rapportent d'imprévu et d'insoupçonné aux civilisations chrétiennes, il l'acquiert et il en peuple sa maison. Son inventaire nous renseigne de quels oiseaux de feu et de flammes, de quelles pierres merveilleuses, de quelles coquilles admirables, il s'enchante les yeux. Oh ! ces jardins de la terre qu'il entrevoit en songe, ces milieux lointains d'accord avec le mi-

Cliché Neurdein.

L'ANGE RAPHAËL QUITTANT LA FAMILLE DE TOBIE (1637).
(Musée du Louvre.)

lieu qu'il porte en lui, dont il voit s'épanouir les flores, se cristalliser les minéraux et s'étaler les faunes! Comme Shakespeare, dans son théâtre, il s'arrache à son temps et à son heure, pour se créer une vie frissonnante et nouvelle, une vie de gloire et de richesse, de somptuosité et de fièvre; il est l'être nostalgique qui regrette tous les anciens paradis. Malheureusement la brutale réalité heurte toujours du choc formidable de ses blocs rugueux et compacts de telles existences qui ne tiennent pas compte de sa pesanteur.

La fantaisie qui présidait au ménage de Rembrandt émut, dès 1638, ses parents. Ils l'accusaient de dilapider l'héritage, de se ruiner en prodigalités folles, « en parures et en ostentation ». Il leur intenta un procès. Il n'obtint point gain de cause. Toute une surveillance aiguë et méchante s'acharna, dès ce moment, sur lui. Il eut beau continuer à vivre son rêve, désormais la vie rayonnante et pure en fut ternie. Son bonheur fut blessé — en attendant qu'il se cassât tout à coup comme une branche trop chargée de fruits et tombât violemment sur le sol.

Inopinément, Saskia mourut. Elle avait donné à Rembrandt quatre enfants, dont seul le dernier, Titus, âgé de six mois, survécut. On ignore la cause de cette mort. Dans son testament, Saskia institue son époux son légataire, elle lui donne l'usufruit de tous ses biens, elle le nomme tuteur de leur fils, sans qu'il doive rendre compte de son administration; la charge d'élever Titus et de le doter était réservée. Ce deuil frappa Rembrandt le 19 juin 1642.

Chez un homme aussi spontané, aussi impressionnable, aussi tendre, aussi violent, aussi extrême, un tel événement, semble-t-il, a dû retentir jusqu'au tréfonds de l'être? Certes en a-t-il été fortement ébranlé. Toutefois la consolation lui est venue assez vite. Nous le voyons dès ce moment se rattacher à ses amis, séjourner à la campagne, chez le bourgmestre Six, faire des portraits nombreux, esquisser des paysages, se raccrocher à l'existence comme il le peut et en vouloir un peu à son rêve parce qu'il s'est fendu comme une belle coupe. La réalité qu'il a dédaignée jusqu'alors, et qui s'est comme vengée de lui, l'enveloppe comme une proie, le dompte, le saccage. On peut croire un instant qu'elle le vaincra brutalement.

Mais bientôt Rembrandt transporte sa douleur en son rêve comme jadis il y transporta sa joie. Elle s'affirme certes aussi humaine que possible, elle se concentre en désespoir sanglotant ou muet, elle se traduit immense et tragique en tel chef-d'œuvre de violence et de larmes, elle se mue en tristesse ample et universelle comme si tous les hommes gémissaient et souffraient en elle. Avec des ruines, avec des débris d'existence et d'amour, Rembrandt se reconstitue quand même un paradis.

De Saskia, il lui reste un enfant, Titus. En plus, grâce au dévouement d'une servante, Henriette Stoffels, il lui reste une apparence de ménage et d'intérieur. Cela lui suffit pour se croire comme jadis un ordonnateur de fêtes et d'art, un magicien dont la vie s'écoule en quelque île de

Cliché « Société photographique », Paris.

PORTRAIT D'UN PRINCE SLAVE (1637).
(Musée de l'Ermitage.)

luxe, de splendeur et de beauté. La rude et brutale misère, la loi implacable et hargneuse, la faillite, les hommes de justice, les poings des créanciers auront beau ébranler sa porte et l'inquiéter dans ses veilles ou son sommeil, il résistera jusqu'au bout, arrachant son art à leur étreinte, le sauvant de leur rage froide et textuelle, et réalisant quand même, malgré eux, loin de leurs disputes et de leurs cris, la vie haute et illuminée pour laquelle il se sent marcher et penser sur la terre.

Insolvable, on lui enlève la tutelle de son fils. La Chambre des orphelins lui substitue tour à tour Jean Verbout et Louis Crayers. Sa maison de la Joden Breestraat est vendue. Une série de procès mettent aux prises le nouveau tuteur et les créanciers. La gestion défectueuse de Rembrandt sert de base à toutes leurs réclamations.

Le voici harcelé, attaqué, vilipendé. Son honneur est chaviré. Avec Titus et Henriette, il cherche asile dans une chambre d'auberge. Il y vit au jour le jour du crédit qu'on veut bien encore lui faire. Il est pauvre comme les plus pauvres, il est l'être pitoyable sur lequel toute une société s'acharne et qu'elle finirait par pousser au suicide s'il n'était plus fort qu'elle dans son âme. C'est au milieu de cette débâcle qu'il se retrouve tout entier. N'ayant plus que Titus, Henriette et lui-même pour modèles, il se remet à peindre comme aux beaux jours où vivait Saskia. Il transforme Titus en page de légende et Henriette, la servante, en princesse des pays fabuleux. Les bijoux, les soies, les ors, les fourrures, les velours, tout ce qu'il caressait jadis de son pinceau prestigieux réapparaît baigné de belle et idéale lumière. Il les peint, somptueux et merveilleux ; il se croit tour à tour prince, seigneur et roi, et malgré sa vie affreuse et béante, rien de ce qu'il fut n'est sorti de sa tête. Dans un des derniers portraits qu'il fit de lui-même (collection Carstanjen, Berlin) il apparaît ridé, vieilli, ruiné certes, mais tout entier raidi de fierté et d'obstination. Ses yeux petits fixent hardiment le spectateur, et le rire franc, comme un triomphe, anime quand même sa bouche édentée.

Il mourut le 8 octobre 1669. Henriette Stoffels l'avait précédé dans la mort en 1663, Titus en 1668. C'est donc seul, tout seul qu'il trépassa. Sur le registre de la Westerkerk, à la date citée, se lit la mention de ses funérailles.

Il ne laissa pour toute succession que ses « vêtements de laine et de toile et ses instruments de travail ». Mourir fut, pour lui, cesser de créer.

III. — Son caractère.

Le fond du caractère de Rembrandt est d'un inconscient et monstrueux égoïsme. Tous les hommes suprêmes sont taillés de la sorte. Ils ne vivent que pour leur art, et leur art, c'est eux-mêmes. Ils agissent toujours avec candeur, sans se rendre compte de l'étonnement qu'ils suscitent. Ils trompent ceux qui les regardent par leurs gestes bienveillants et quelquefois admirables, ils sont grands et sereins dans l'infortune, mais tous leurs actes, quelque magnifiques qu'ils soient, ne sont que la manifestation de leur orgueil Leur vertu, ou plutôt leur absence de tares et de vices, ne provient que de leur indifférence souveraine pour tout ce qui n'est pas eux. Ils se haussent à un plan supérieur où le bien et le mal ne procèdent ni de l'effort, ni de la lâcheté. Les plus intelligents sourient à l'humanité, la plaignent, essayent de la consoler, s'étonnent des misères qui ne les atteignent pas, acceptent le bonheur qui ne les touche pas, et passent à travers les jours et les années comme indemnes de tout ce qui atteint l'espèce.

Rembrandt est un timide. Une de ses premières effigies (portrait d'adolescent, collection Pierpont-Morgan) nous le dépeint dans une attitude attentive, avec des gestes comme rentrés, la figure douce, le regard en dedans. C'est une porte ouverte sur sa nature. Une grande candeur s'y dévoile.

Et ce timide est en même temps un puéril. Il le sera dans toutes les circonstances de sa vie jusqu'à sa mort. Il s'aime ingénument. Dans la bonne ou mauvaise fortune, dans la joie ou dans le deuil, toujours il chérira ses traits, son allure et son port. Comme un enfant devant un miroir, il se plaira à regarder son rire, ses pleurs, sa grimace. Il les peindra tels qu'ils sont, sans même songer à avoir peur du ridicule. Il trouve bon tout ce qu'il fait et veut qu'on le sache et qu'on le voie. Il ne peut admettre qu'on ne prenne intérêt à ce qui l'intéresse. Sa joie déborde jusqu'à l'ostentation, elle n'a aucune retenue, aucune pudeur. Et cet amour immodéré de soi, il l'étend à ceux qui vivent à ses côtés. Les siens, c'est encore lui-même. A ses yeux, ils ne vivent que de son existence. S'ils sont beaux, c'est comme s'il l'était lui-même. Son père, sa mere, son frère, sa sœur, sa femme, ses enfants, sa servante, ses amis, il les peint avec joie comme il se peint lui-même. Il les illumine de sa lumière, ils coexistent avec lui, ils servent à son bonheur, ils sont attirés par lui hors de leur réalité, et transportés là-haut, tout là-haut, dans son rêve.

Mais par un curieux phénomène, sitôt que les êtres ainsi absorbés par l'égoïsme naïf et merveilleux d'un homme se détachent de lui, leur perte ne lui est pas aussi profondément ni aussi infiniment sensible qu'on le pourrait croire. Quand Saskia qu'il aimait tant quitta la vie, Rembrandt s'en consola relativement vite. Il lui suffit qu'une autre femme, une simple servante que son imagination adopte, traversât son existence pour que sa douleur tarît et que le trou qu'avait fait la mort dans son rêve fût comblé.

Et de même, s'il supporta, sans cesser de travailler, la ruine, c'est que les jugements du monde l'agaçaient mais ne l'abattaient point. Tant que lui-même n'était pas atteint, rien n'était irrémédiablement perdu. Au fond de lui régnait toujours l'illusion. C'était comme une jouvence où il se retrempait. Elle était son art et sa vie tout à la fois. Elle explique son caractère et sa peinture. J'aimerais à le montrer, grâce à elle, agissant et pensant ;

elle éclaire ses apparentes contradictions, ses rires quand ses larmes sont à peine séchées, ses abattements suivis d'une vigueur soudaine, ses amours sans cesse renaissantes, ses oublis faciles, ses dédains et ses mépris, ses grandeurs et ses folies. Toutes les antithèses il les noue en faisceau et les porte droit devant lui, parce qu'il les rassemble avec les cordes d'or de cette illusion maîtresse. Il apparaît complexe et contradictoire. A la vérité il est logique sans le vouloir.

L'ingénuité, la candeur, le don d'enfance qu'il conserva sans le ternir, le cuirassaient contre les hommes et les choses ; l'indifférence et l'égoïsme brûlant en lui comme une fête avec tous leurs feux, jusqu'au soir de ses jours, lui assuraient la victoire même dans la défaite. Ce caractère, au surplus, lui était nécessaire pour son travail et pour sa pensée. S'il n'avait été armé de la sorte, son œuvre eût été interrompue à mi-hauteur et le faîte glorieux dont sa vieillesse l'a couronnée manquerait tout entier

IV. — Son œuvre.

Grandir en apaisant, c'est tout l'art antique : grandir en caractérisant, c'est tout l'art chrétien. Une sérénité souveraine règne sur les interprétations de la vie que les anciens ont créées ; par contre, dès que notre art, en Italie, en Flandre, en France, en Allemagne, prend son essor, une préoccupation constante du relief psychologique se manifeste. Dans les œuvres de Crivelli, surtout dans celles de Mantegna, dans les triptyques de van Eyck, dans les statues des cathédrales françaises, dans les pages de Dürer et de Holbein, ce constant et magnifique souci s'affirme uniformément dominant. Rembrandt s'acharne aux mêmes recherches et, plus merveilleusement qu'aucun de ses prédécesseurs illustres, y réussit. La beauté divine des antiques se transforme sous ses mains en une vérité pathétiquement humaine. Son Dieu, ses Vierges, ses saints, ses Vénus, ses Proserpine, ses Diane, ses Danaé, ses Ganymède participent aux déformations, aux misères et même aux laideurs dont l'humanité souffre. Ils sont proches de nous. Ils sont nous-mêmes. Ils témoignent — voyez le Christ des *Pèlerins d'Emmaüs* — d'une émotion soudaine, grâce au sentiment profond, pitoyable et souffrant que nous retrouvons en nous, mais que Rembrandt magnifie souverainement en eux. Ils sont caractéristiques comme jamais personnages ne le furent en art.

Pour la critique, trois toiles célèbres, la *Leçon d'anatomie* (1632), la *Ronde de nuit* (1642), les *Syndics* (1661), représentent les trois manières de Rembrandt. Ces divisions ont l'avantage d'imposer une méthode dans l'exploration touffue de l'œuvre totale, mais elles nous paraissent dangereuses et superficielles. Rembrandt n'a point changé de peindre d'une façon pour en adopter une autre. Il n'a jamais subi, à part celle de Lastman, aucune influence ; il s'est développé logiquement, ne trouvant matière à changement qu'en lui-même. On peut donc dire, ou bien qu'il n'a qu'une manière, la sienne, ou bien qu'il en a eu

Cliché Société photographique ». Paris.

LES NOCES DE SAMSON (1638).

(Musée de Dresde.)

une infinité, selon qu'on envisage sa continue progression unique ou son extraordinaire renouvellement, de lustre en lustre, et quelquefois d'année en année.

Il commence par peindre sec et dur et minutieux (le *Changeur* (1627), le *Saint Paul en sa prison* (1627)); la facture est lourde, la couleur épaisse, brûlée, cuite. Mais la surprise apparaît dans la mise en scène. La lumière frappant abondamment les objets le préoccupe. Peu à peu la volonté de serrer de près l'extériorité le conduit à un art soigné, propret, lisse. Une harmonie de bleus, de verts pâles, de jaunes rosâtres le requiert. Certaines toiles : l'*Iscariote venant rendre les trente deniers* (1628 ou 1629), le *Christ et les disciples d'Emmaüs* (1629), renseignent sur cette phase. Vient ensuite l'influence de Lastman, le maître amsterdamois qu'il s'est choisi. La *Présentation au Temple* (1631), du musée de La Haye, ne semble point encore une œuvre personnelle. Certes, elle s'élève au-dessus des compositions précédentes. La mise en valeur du sujet principal y est despotiquement sauvegardée; les architectures mystérieuses et colossales y apparaissent pour la première fois, mais le faire en est encore lisse et docile et timide. Le maître Lastman en a surveillé l'exécution. Dans la *Sainte Famille* (1631) du musée de Munich, l'affranchissement du génie de Rembrandt se poursuit. Le coup de pinceau s'enhardit, s'affirme. Il traite d'après lui-même la scène telle qu'il la conçoit.

Tous ces voyages en des voies non pas différentes, mais successives, le conduisent lentement à la *Leçon d'ana-*

tomie qui, tout à coup, le met en grande lumière comme les personnages de son tableau. Ce fut un émerveillement, bien que de nombreux défauts (inattention de quelques personnages qui regardent le spectateur au lieu de suivre la démonstration du professeur ; peinture trop sèche dans les avant-plans, peinture trop molle dans les chairs forcément rigides du cadavre) nous défendent de ranger parmi les chefs-d'œuvre ce grave et déjà puissant morceau d'art. Il est certain que tels portraits faits à la même époque prouvent mieux que la *Leçon d'anatomie* quel observateur aigu et fort était Rembrandt vers l'âge de vingt-cinq ans. Dans les soi-disant *Hugo Grotius et sa femme* (1632 et 1633) du musée de Brunswick, dans la *Marguerite van Bilderbeecq* (1633) du musée de Francfort, dans le *Coppenol* (vers 1632) du musée de Cassel, se manifeste un tel souci d'exactitude, de minutie et de vérité et des dons si solides et si probes que, dès cette période quasi de début encore, un grand peintre individuel et complet s'y devine.

Élargir sa manière, libérer son dessin, se réjouir les yeux par l'emploi de couleurs généreuses et riches, s'habituer aux pâtes grasses et profondes, se donner tout entier à la vie, voilà ce qu'il se propose immédiatement après. Il ose s'écouter, il va se comprendre.

Il s'est rapidement conquis ; le peu qu'il doit au voisin, il se l'est si profondément assimilé qu'il se l'est fait sien. Dès ce moment, il ne sera plus qu'un génie qui exprime son évolution, c'est-à-dire le vrai et grand Rembrandt,

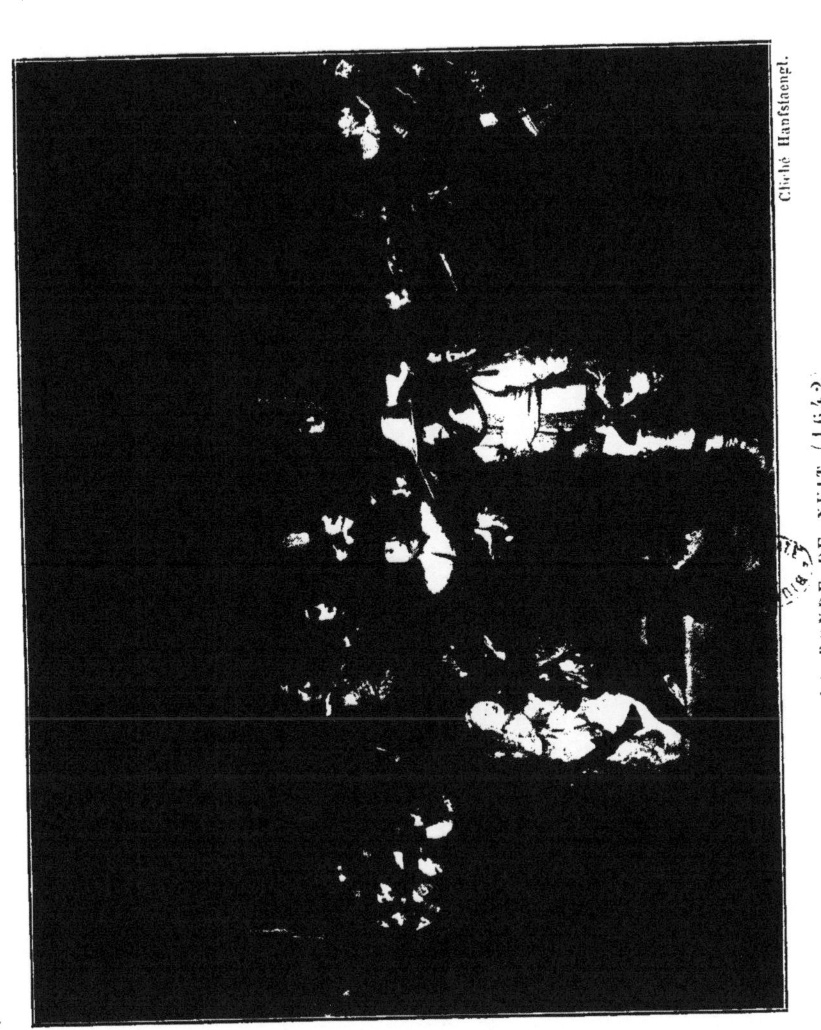

Cliché Hanfstaengl.

LA RONDE DE NUIT (1642).

(Musée d'Amsterdam.)

qu'atteignent les remarques faites au début de cette étude et que viseront celles qui la termineront Et sa marche toujours ascendante dans la lumière suprême commence. Le succès de la *Leçon d'anatomie* attire vers son atelier certains personnages amsterdamois qui l'abondonneront ensuite. Il les campe en des portraits de plus en plus libres de facture et de couleur. Ses modèles sont le docteur Tulp, le poète Jean Krul, le secrétaire d'État Maurice Huygens, le bourgmestre Pellicorne et sa femme Suzanne van Collen, le pasteur Alenson et son épouse; enfin, Martin Daey et surtout sa femme, Machteld van Doorn, dont la toilette de satin et de bijoux semble choisie par Rembrandt lui-même pour satisfaire son goût naissant d'opulence orfévrée.

Jusqu'à ce moment, il n'a fait qu'affirmer sa maîtrise. On le comprend aisément ; il est avant tout un peintre. Bientôt, il deviendra le visionnaire. Il commence à fréquenter chez les Juifs. On le surprend chez les rabbins qui lui expliquent les Bibles, qui affirment l'étrange et le surnaturel, qui donnent aux versets une interprétation soudaine et comme illuminée, qui font vivre à ses yeux le rêve intérieur qu'il porte en lui.

On peut le définir: le peintre des miracles. Tout, son métier, sa couleur, la lumière prodigieuse qu'il crée et dont il a doté l'art à jamais, le prédispose à cette mission suprême. Il n'est point un artiste spécialement religieux, il n'est point un assembleur de drames fantastiques, il n'est point un éveilleur de songes peints, ni un susciteur de symboles; il est celui qui doue d'authenticité le surnaturel. Sous son pinceau, le prodige semble avoir eu lieu vraiment, tant il y inclut d'humanité pantelante et profonde. Il empêche que l'on doute de ce qu'il décrit. Vivant naturellement dans le monde de son imagination, il nous y fait croire aussi aisément que ses compatriotes les Metsu et les Terburg nous font admettre l'existence d'une belle dame, assise devant une table et portant à sa bouche le fruit juteux qu'elle prit, voici un instant, dans une assiette d'argent ou de vermeil.

Orienté d'une telle manière vers la peinture suprême, il s'amuse à pourtraicturer d'abord ceux qui la lui suggèrent : les rabbins à grande barbe, au nez busqué, aux yeux profonds, à l'allure imposante et sacerdotale. Pour les grandir et les solenniser plus encore, il les affuble de turbans, de manteaux riches, de pelisses mordorées, d'aigrettes frêles et fines où radie parfois une pierre précieuse. Et c'est également lui-même qu'il traduit sur ses toiles, d'abord parce qu'il s'aime ardemment, ensuite parce qu'il se sent beau de jeunesse et de force. Il se mue, grâce à des déguisements nombreux, soit en prince, en gentilhomme, en guerrier; il s'apparaît à lui-même comme sortant de l'histoire ou de la légende; il s'admire en son rôle d'être extraordinaire et fou et satisfait ainsi ses goûts les plus décisifs. Ses effigies datant de cette époque (1630 à 1634) se retrouvent aux musées de La Haye, de Florence, de Cassel, de Brunswick et de Londres.

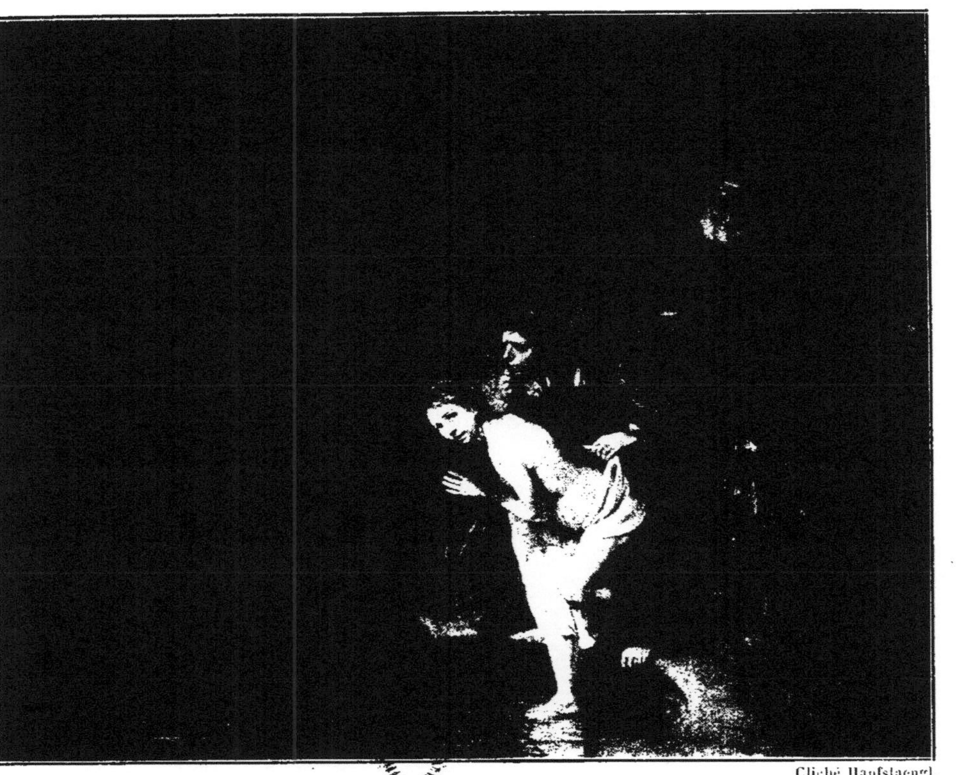

Cliché Hanfstaengl.

SUZANNE ET LES VIEILLARDS (1647).
(Musée de Berlin.)

Quand, en 1634, il aura épousé Saskia van Uylenburgh et inauguré la vie de joie et de folie de leurs fiançailles et de leur mariage, il la peindra tout comme il se peint lui-même, avec la même élégance, le même luxe et la même féerie. Bien plus, elle l'aidera à réaliser son vrai art, celui des prodiges et des miracles. En 1634, il la transformera en *Bethsabée* (musée de Madrid), en *Artémise* et en *Danaé* (1636). La surnaturelle intervention de l'or divin pleuvant sur une chair humaine et l'illuminant de splendeur servira à grandir Saskia et à l'élever au rang de personnage mythique. Désormais, il possédera une femme qui, à ses yeux, fut idolâtrée par David, ou convoitée par Jupiter.

Les *Philosophes* (1633) du Louvre indiquent mieux encore que la *Danaé* ses préoccupations intellectuelles. La légende des Faust et des Flamel devait infiniment lui plaire. Il aimait à s'identifier avec eux. Ils étaient comme lui les prisonniers de leurs rêves et les assoiffés de l'inconnu. Non pas qu'il s'inclinât sur les livres et cherchât dans les champs de la science la clef des édens fermés. Peu de bouquins sont mentionnés au cours de son inventaire. Sa bibliothèque était pauvre. Peut-être ne s'est-il complu qu'à feuilleter l'Ancien ou le Nouveau Testament C'était donc uniquement l'amour que ces génies du passé occultiste avaient pour l'extraordinaire qui le séduisait et l'enflammait. Il les continuait à sa manière et son art était voisin de leur science.

Tout à coup on le surprend peignant les sujets les

plus ordinaires : un *Butor* (1639, musée de Dresde), des *Paons* (1638, coll. Cartwright), un *Bœuf éventré* (1655, musée du Louvre). Certes, il ne peut s'empêcher de grandir ces très humbles modèles, mais le rendu terre à terre, dans sa vulgarité, n'en reste pas moins un but à ses yeux.

Pourquoi se détourne-t-il ainsi brusquement de son vrai art ? La réponse est fort simple. Il veut par une étude minutieuse de ton sur ton (roux sur roux, gris sur gris, rouge sur rouge) acquérir ce qui lui manque encore : la souplesse dans les désinences et les nuances des couleurs voisines, afin de pouvoir exécuter plus tard toute la gamme d'une même lumière, se dégradant à l'infini d'un objet sur un objet voisin. Ces toiles qu'illustrent d'admirables natures mortes ne sont donc à ses yeux qu'un exercice et ne le tentent que par la difficulté vaincue.

Au reste, concurremment avec elles, il mène à bonne fin toute une série d'œuvres dont la donnée épique ou légendaire le maintient dans sa vraie voie d'évocateur. *L'Ange Raphaël quittant la famille de Tobie*, du Louvre, date de 1637. La composition en est admirable. La famille du patriarche, le père à genoux, la femme et le fils serrés dans leur crainte, le chien familier se blottissant auprès de sa maîtresse, rendent témoignage du miracle, tandis que l'ange guérisseur, farouche et impétueux disparaît d'un vol droit et vainqueur vers les cieux et rejoint les milices célestes dont il s'est un instant détaché. Ce fait extraordinaire est, comme toujours chez Rembrandt, représenté dans son essence. Rien n'est de trop. Aucun

LE CHRIST ET LES PÈLERINS D'EMMAÜS (1648).
(Musée du Louvre.)

geste ne détonne. Aucune parade, nulle enflure. L'impression est authentique : on ne doute pas un instant que le ciel s'est occupé de la terre, que Dieu s'est incliné vers les hommes et que le vieillard adorant a été touché par une main sortie de la nue.

De même dans l'histoire de Samson — *Samson menaçant son beau-père* (1635, musée de Berlin), *Samson terrassé par les Philistins* (1636, coll. Schoenborn), *Noces de Samson* (1638, galerie de Dresde) — la signification de la légende est précisée avec sobriété et grandeur sans aucune rhétorique, sans la moindre déclamation.

La tragédie de l'Evangile devait nécessairement s'imposer à l'art de Rembrandt. Tant d'humanité s'y mêle à tant de douleur et de grandeur, de si beaux gestes s'y dessinent sur fond de cataclysme, la bonté suprême, la douceur infinie, les larmes, les tendresses, les désespoirs s'y confondent en de tels sanglots, que rien plus que cette passion d'un Dieu fait homme n'était à même de fournir au peintre un sujet qui convînt à sa force. Le prince d'Orange le lui commanda. Rembrandt l'acheva en 1638.

Il le divisa en cinq compositions. Il les estime 1000 florins pièce et dans la lettre qui accompagne leur envoi à leur destinataire, il écrit : « Je me fie au goût et à la discrétion du prince qui pourrait me donner moins, si Son Altesse trouve que mon travail ne mérite pas autant. »

C'est à la Pinacothèque de Munich que l'œuvre a été recueillie.

A la voir, on est frappé d'abord par sa profonde unité.

On va d'un panneau à l'autre, pieusement, comme les fidèles dans les églises font le chemin de croix. Les scènes succèdent aux scènes ; elles s'enchaînent, se complètent. Elles sont échelonnées sur la même voie douloureuse.

Le maître, selon sa coutume, habille ses personnages des costumes les plus variés. Des seigneurs à turban et à pelisses y côtoient des gens du peuple fagottés comme en Hollande ; des femmes vêtues comme des religieuses s'y trouvent placées à côté de princesses sorties d'un rêve. Ce dédain de toute vraie couleur locale incite l'esprit à se représenter la scène loin de tout lieu réel, là-bas, quelque part, dans l'imaginaire. Une sorte de drapeau sacré pend, dans la grotte sépulcrale, au-dessus de l'ensevelissement.

Le drame apparaît tout autant dans la disposition et l'éclairage des décors que dans l'attitude et l'angoisse des groupes humains. Pour Rembrandt, ce sont les choses autant que les êtres qui sont affectées par la fin de celui qui les créa. Il plane au-dessus de l'*Érection de la Croix*, de l'*Ensevelissement*, de la *Résurrection* et de l'*Ascension* une telle atmosphère d'agonie ou de splendeur, qu'on se croit soit à la fin de notre monde, soit à la naissance d'un univers nouveau.

La *Sainte Famille* du Louvre (1640), dont l'intimité et l'humilité soulignent la céleste douceur, le *Sacrifice de Manué* (1641) de la galerie de Dresde, où tant de simplicité s'unit à une émotion si contenue, le *Jeune homme*

Cliché Bruckmann.

LE CHRIST ET MADELEINE 1651.
(Musée de Brunswick.)

en armure (1635, collection Richard Mortimer, à New-York), sobre et ardent, sont œuvres à signaler à côté de la *Passion* de Munich. Elles lui sont contemporaines ou légèrement postérieures et précèdent toutes la *Ronde de nuit* que nous allons analyser.

Depuis quelques années, les sociétés civiques d'Amsterdam avaient coutume de commander à quelqu'un des peintres du pays un souvenir corporatif. Les principaux membres de la gilde léguaient leur image à leurs successeurs.

De telles œuvres apparaissent comme une sorte de lieu commun de la peinture hollandaise : les traditions y étaient observées scrupuleusement et l'invention du maître tenue à l'écart. On rangeait les membres de la corporation en ligne, le chef occupant la place centrale, les dignitaires se massant à ses côtés. Parfois, on les assemblait autour d'un festin. Dès 1583, Cornelisz avait peint de telle manière le *Repas du Vieux-Doelen*. Cinq toiles de Frans Hals représentaient l'assemblée de la gilde de Saint-Georges et deux pages célèbres de Ravesteyn traitaient un sujet identique.

En 1642, la corporation des Arquebusiers d'Amsterdam s'adressa à Rembrandt pour qu'il lui prêtât son talent. La commande lui était payée 1600 florins.

Il se mit à l'ouvrage rapidement. On espérait le voir se soumettre aux usages depuis longtemps établis et fixer les effigies des arquebusiers d'après l'ordre hiérarchique dans une salle de festin ou de réunion. Rembrandt trompa une telle attente. Il n'aurait pu se plier à une convention aussi réaliste. Peintre de l'extraordinaire, fatalement, il lui fallut inventer quelque scène où l'étrange abolirait ce que le sujet avait de trop terre à terre. Il fit le tableau connu sous le titre : *La Ronde de nuit*, et jamais œuvre n'apparut aussi énigmatique, aussi soudaine et aussi bouleversante. A quelle heure, pour quel motif, dans quel ordre, en quelle ville ces hommes sont-ils réunis? Si c'est une prise d'armes, pourquoi cette lumière de fête? Pourquoi égarer là cette sorte de princesse vêtue d'or et de soie, cette naine des légendes qui attire vers elle l'unanime attention? Pourquoi ces miroirs pendus à des piliers? Personne n'a pu jusqu'à présent dénouer les mille nœuds de cette énigme. On se heurte aux conjectures et l'on peut se demander si Rembrandt lui-même a su quel sujet il traitait. Il est possible qu'il n'ait traduit qu'un rêve et qu'il l'ait peuplé de personnages guerriers uniquement parce que ceux-ci posaient devant lui. Quoi qu'il en soit, la scène telle qu'elle nous est présentée pourrait servir d'illustration à quelque comédie de Shakespeare où la fantaisie se mêle à l'analyse des caractères et même à quelque proverbe de Musset.

La *Ronde de nuit* valut à Rembrandt la disgrâce des bourgeois d'Amsterdam et l'engagea dans un dédale de contestations avec la gilde. Chacun des dignitaires se trouvait frustré dans ses espérances. Leur chef, le capitaine Banning Cock, mécontent comme tout le monde, s'adressa au peintre van der Helst pour qu'il lui restituât une image fidèle de sa personne et qu'il lui fît oublier ainsi la maladresse de Rembrandt. La mort de Saskia survint au milieu de ces multiples traverses. Le maître sentit sa vie chavirer. Son existence de joie et de confiance se brisa brusquement. Avec la mort qui entra chez lui, la réalité effrayante et ennemie le saisit violemment à la gorge. Son art aurait pu sombrer tout à coup et descendre des sommets éclatants où sa vision l'avait jusqu'à cet instant maintenu. Heureusement il n'en fut rien. Dégoûté plus que jamais du monde, il se réfugia pour quelque temps dans la solitude champêtre et le paysage enchanta ses yeux. Il le traita comme un visionnaire ; à peine en ses eaux-fortes le vit-il comme il était. Dans ses toiles, la fantaisie la plus entière continue à le séduire. A l'instant même où les van Goyen, les Salomon Ruysdael et les Simon de Vlieger instaurent le paysage hollandais avec ses plus profondes caractéristiques, lui, Rembrandt, semble nier dans ses œuvres tout ce qu'ils affirment dans les leurs. L'*Orage* du musée de Brunswick apparaît comme un cauchemar où toute l'âme du maître, si bouleversée à cette époque, transparaît. Cette lueur phosphorescente qui éclaire, là-bas, les murailles d'une ville, ces nuées noires, épaisses, violentes, qui bouleversent la lumière du ciel, ces montagnes chaotiques qui semblent chevaucher les unes sur les autres, ces terrains mal établis et mal équilibrés, tout en cette toile défie la réalité vraie. La *Ruine* du musée de Cassel n'est pas moins étrange. En quel lieu de la terre un tel site peut-il exister? Un moulin à vent s'y élève au fond d'une vallée, au bord d'une rivière, enfermée dans les montagnes ; un cavalier enturbanné passe près d'un pêcheur accroupi non loin de l'eau ; des cygnes nagent vers lui ; un vieux bateau moisit près de la berge et tout là-haut, dans une lumière radieuse, toute pénétrée de rayons d'or, une ruine surgit comme une apothéose. Le décor est grandiose et splendide. Exprimait-il, aux yeux de Rembrandt, on ne sait quelle idée qui dormait en lui et qu'il dégageait ainsi de son mystère?

Après avoir fixé, en une effigie admirable, la matrone *Élisabeth Bas* (musée d'Amsterdam), et magnifiquement dépeint son caractère avec un pinceau ferme et sûr, il se complaît encore à ressusciter Saskia (1643, musée de Berlin) et son ami le ministre Sylvius (1644, coll. Carstanjen).

Il leur donne pour compagnon sa propre image (musées de Cambridge, de Leipzig et de Carlsruhe), et ces diverses toiles, presque intimes, lui rappellent le beau passé. Même, ces regrets mêlés de souvenirs tendres se peuvent découvrir encore dans la *Sainte Famille* et dans le *Berceau* que possède M. Boughton-Knight. Mais le voici qui s'est ressaisi : les grandes œuvres le tentent à nouveau. Il entre dans une période de production comme fraîche et renouvelée où chaque page qu'il achève est un chef-d'œuvre. La paix de Münster (1648) met fin à la guerre de Trente ans. La Hollande se carre de plus en plus dans la prospérité et la richesse. Toute l'Europe reconnaît sa force. Malheureusement, Rembrandt n'est pas le peintre apte à célébrer de tels succès. Si son tableau *La Concorde du pays* nous présente une admirable page pittoresque où se heurtent un fouillis de lances, de chevaux, de cavaliers, de cartels et d'épées, mille intentions violentes et confuses, aucune idée maîtresse et claire ne s'en dégage. Voici coup sur coup de merveilleuses toiles : *Jacob s'évanouissant à la vue de la robe de Joseph*, *Abraham recevant les anges*, *Le Bon Samaritain* et *Les Pèlerins d'Emmaüs*. Ces deux dernières appartiennent au Louvre et sont datées de 1648.

Dans la première, la scène se passe en une cour d'auberge. Un homme riche y ramène un malade pauvre pour le soigner et lui verser plus encore dans le cœur que sur ses plaies tout un trésor de charité et de bonté. Le crépuscule qui tombe semble avec toute sa douceur et sa mélancolie participer à ces hauts sentiments humains. La toile, traitée avec une simplicité entière, se trouve tout à coup grandie par cette intervention magnifique et sereine de la nature. Le Samaritain devient comme un symbole, et c'est vraiment la miséricorde infinie que cette page profère.

Les *Pèlerins d'Emmaüs* sont plus merveilleux encore. Rien n'apparaît dans le décor qui ne soit comme humble et nu. Toute la splendeur de l'œuvre, toute sa pénétration profonde, toute sa surnaturelle puissance résident dans trois attitudes — celles des deux disciples et du serviteur — et dans la tête du Christ. Jamais un tel visage de Dieu n'a ébloui la peinture. Les têtes de Jésus de Léonard de Vinci, celles de Titien, celles de Rubens, celles de Raphaël ou de Velasquez semblent d'une superficialité entière si on les compare à celle de Rembrandt. L'humanité infinie de celle-ci est indescriptible. Elle renferme en elle toute la douceur de la vie et toute la tristesse de la mort. Ses yeux viennent de si loin vers la souffrance humaine et son front apparaît si clair et si doux dans la ténèbre universelle! On ne sait dire comment elle est peinte; elle semble ne pas exister et se contenter d'apparaître. Autour d'elle l'adoration s'impose et les disciples la vénèrent avec un effroi tendre. Et le Christ rompt le pain d'une main lente, regardant ailleurs, comme si son geste n'était que la manifestation emblématique d'une vérité qu'on ne comprendra que plus tard.

Enfin une dernière page plus étonnante encore que les deux précédentes règne au musée de Brunswick. Elle s'intitule : *Le Christ apparaissant à Madeleine.* Sa date? 1651.

Toute en noir, Madeleine s'est réfugiée dans quelque lieu désert, loin de la ville, au crépuscule. Jésus lui apparaît parmi les rochers. Il vient d'au delà de la terre. C'est l'amour qui lui a conseillé ce prodige. La pénitente se traîne vers lui et voudrait baiser le bord de son manteau. Mais un signe de la main du Christ l'arrête. La scène est toute de silence. Voici le maître dans la lumière, l'amante dans l'ombre, représentant l'un la vie — quoique mort, — l'autre la mort — quoique vivante, — et telle est la force de cette double et antithétique présence que vraiment l'œuvre apparaît comme venue d'au delà des

PORTRAIT DE FEMME (1634).
(Musée de l'Ermitage.)

forces humaines. C'est la toile du monde où un peintre sous l'enveloppe parlante de la ligne et de la couleur a renfermé le plus de réalité muette et divine.

Quand Henriette Stoffels entre dans sa vie, lui apportant avant la chute extrême quelques années de joie dernière, Rembrandt, dirait-on, se rejette en plein dans son rêve. De cette servante qui consent, malgré les rigueurs et les avertissements des pasteurs de sa paroisse, à devenir et à rester sa maîtresse, il fait, comme il fit de Saskia, la reine de ses illusions et de ses chimères. Son art de visionnaire la pare, la fête et la célèbre. Dans le portrait (1649?) du Louvre, elle est vêtue d'une pelisse dorée; des bijoux ornent sa poitrine, des bracelets chargent ses poignets, d'énormes et précieux pendants d'oreilles encadrent son visage. Jamais on ne la croirait servante. En effet, pour Rembrandt, elle ne l'est et ne le fut jamais; elle lui est la jeunesse, la fraîcheur et la volupté. Elle a les lèvres neuves, le teint rayonnant. Elle lui arrive, avec, entre ses mains, la bonté, l'ardeur, l'admiration. Il est à l'âge où les hommes puissants comme lui éprouvent, en leur être total, un renouveau de force et de fierté. Il n'importe que Henriette ne soit ni régulièrement ni classiquement belle. Il se charge de l'orner et de la grandir si merveilleusement qu'elle apparaîtra sur ses toiles aussi imposante et aussi parfaite que les femmes les plus célèbres. Il la voit avec des yeux d'artiste transfigurateur; il l'entoure de tout son amour. Elle lui sert, comme Saskia, à s'évader de la réalité et à le transporter dans sa vraie vie. Dès ce moment elle lui sera la *Suzanne* (1654) de la National Gallery et la *Bethsabée* de la collection La Caze. O les deux admirables œuvres! La *Baigneuse* ou la *Suzanne* de Londres a beau apparaître vulgaire de corps et de visage, elle est dorée d'une telle lumière, elle est baignée dans une telle atmosphère de feu, qu'elle existe comme un être de légende ardente. La manière dont Rembrandt traite le nu peut s'étudier ici mieux qu'ailleurs. Les Titien, les Rubens, les Véronèse, quel que soit leur amour pour un beau corps, le peignent, j'oserais dire, d'une manière abstraite, dès qu'ils veulent traduire un objet de beauté. Dans leurs décorations, il peuple leurs toiles allégoriques ou symboliques. Il est un prétexte à lignes et à couleurs. Il fait partie des fleurs, des guirlandes, des drapeaux qu'ils prodiguent dans leurs fresques. D'autres fois il n'est que l'expression de leur volupté charmée.

Pour Rembrandt le nu apparaît sacré. Il ne l'embellit jamais, même quand il peint Saskia. Il est la matière dont est faite l'humanité triste et belle, pitoyable et magnifique, douce et violente. Les corps les plus déjetés, il les aime de tout son amour de la vie. Il les rehausse de tout le prestige de sa peinture.

Aussi la *Bethsabée* du Louvre, quoique n'offrant aux regards que des chairs quasi fatiguées, s'illumine, sur sa terrasse, d'une gloire si dorée, qu'elle semble concentrer en elle tout le rayonnement de l'Orient. Vraiment fallait-il que la puissance de tendresse de Rembrandt fût énorme pour faire surgir d'un corps que la réalité marquait d'un sceau aussi commun une telle apothéose! Si Steen ou Brouwer l'avaient peint, ils l'auraient campé en leurs cabarets, tout chargé de sa graisse, tout appesanti sous sa déformation, dans un débraillé cynique et obscène. Et jamais ni Terburg, ni Metsu n'en auraient fait usage, ne fût-ce que pour représenter l'humble domestique qui apporte sur un plateau quelque verre ou quelque fruit. Pour Rembrandt, au contraire, la réalité n'existe que pour autant qu'il la peut sublimer à force d'y concentrer de l'humanité attendrie et de la vérité profonde et pathétique. Cette vérité ardente et nue, cette humanité simple et grande deviennent peu à peu sa suprême préoccupation au fur et à mesure que les années noires et vides de la fin de son existence l'enveloppent.

Voici l'heure de son art le plus haut.

Malgré la tendresse de Henriette, malgré la filiale attention de son fils, l'angoisse, l'ennui, la pauvreté le cernent de plus en plus près. Il n'a de refuge qu'en lui-même. Sa souffrance et sa détresse, au lieu de l'abattre, l'exaltent. Il n'existe plus que pour son pinceau, ses couleurs, sa palette.

Une seconde fois, il compose une *Leçon d'anatomie* (1656, musée d'Amsterdam). Le professeur Deyman y est figuré tenant en main la calotte d'un crâne, tandis que le cadavre, les pieds tournés vers le spectateur, s'étend dans la hideur verte et bleue de la mort. La toile fut en partie brûlée; ce qui en reste demeure le vestige d'un admirable et pathétique chef-d'œuvre.

La même année est exécuté le *Jacob bénissant les fils de Joseph*, musée de Cassel. La douleur du patriarche, l'attitude de son fils et de sa bru, les deux enfants Ephraïm et Manassé, concourent à donner une impression profonde de résignation et de tendresse. L'âme du peintre se confesse en cette scène de douceur funèbre. La facture est aussi simple et aussi large que possible. Les tons ne se heurtent point; ils se nuancent, se graduent ou s'effacent avec une entente souveraine de l'unité partout maintenue.

Le *Reniement de saint Pierre* (1656, musée de l'Ermitage) est aussi tragique que le *Jacob*. Quant au *Christ à la colonne* du musée de Darmstadt, c'est le drame même de la vie de Rembrandt qui semble s'y dévoiler. Dans la torture de celui qui représente à ses yeux toute la souffrance, il retrouve la sienne propre. Les bourreaux violents et féroces sont ses persécuteurs; la colonne où la chair et les membres divins sont attachés lui apparaît comme le pilori où l'on a cloué sa réputation et son honneur. Toute la rage qui s'étale en cette page, il l'a sentie acharnée sur lui-même, et, comme Dieu, c'est par la bonté qu'il veut y répondre. Aussi la face du Christ, qu'il interprète si souvent avec une telle compréhension du surnaturel, s'éclaire-t-elle ici plus souveraine encore qu'ailleurs.

On ne sait en quelles circonstances lui fut faite la commande des *Syndics* (1661, musée d'Amsterdam) pour la corporation des drapiers. L'œuvre est certes la plus parfaite que le maître ait laissée — mais elle est loin d'être la plus haute et la plus belle.

Une sorte d'apaisement semble s'être fait en son esprit en la peignant. Tout y est ordre, mesure, tranquillité, force et sagesse. Pour les peintres, jamais on n'a mieux peint, ni mieux composé. La facture est large et sûre; le ton sobre, sonore et plein. La puissance des noirs et des bruns, et la grande ampleur des rouges du tapis, loin de monotoniser l'œuvre, en augmentent l'impeccable prestige. On dirait une toile faite par un maître devant lequel la science de tous les autres maîtres se serait inclinée et s'avouerait vaincue.

Mais Rembrandt n'était point fait pour s'immobiliser, fût-ce dans la perfection. Sa force est trop profonde. Il ne veut s'arrêter à la surface des formes justes et des colorations irréprochables. Aussi bondit-il vers de nouvelles et plus ardentes expressions de vie et, sur le point de mourir, invente-t-il comme une nouvelle peinture.

C'est dans le dénuement quasi absolu qu'il peint, au hasard de ses séjours de logis en logis, d'auberge en auberge, ses deux portraits (1660) dont l'un s'impose au Louvre et l'autre à la collection de lord Lansdowne.

C'est en 1660 également qu'il peint une dernière fois son ami Six. La caractérisation du modèle obtenue par quelques coups de pinceau essentiels, une fougue maîtrisée et donnant l'illusion de la plus haute puissance d'art, la composition enlevée comme une esquisse et apparaissant définitive et complète, une audace dans l'empâtement qui aboutit au relief, telle est sa suprême manière de peindre. On la surprend dans le *Saint Mathieu* du Louvre, dans la *Lucrèce* de la collection Borden, de New-York, dans le *Retour de l'Enfant prodigue* de l'Ermitage, le *Portrait de famille* du musée de Brunswick. Les ors qu'il ne possède plus, mais qui l'hallucinent encore, les reflets et les éclairages beaux comme des trésors renversés sous des flambeaux, les coulées énormes des pâtes où ses doigts, son couteau, et jusqu'au manche de sa brosse s'ébattent et dessinent des creux et des reliefs de bijouterie et d'ornementation richissime, le séduisent et le grisent plus que jamais. Il possède quelque part un vieux buste d'Homère. Les traits ravagés, les yeux éteints, le drame imprimé sur l'image, la déréliction qui tua, d'après la légende, le poète, lui sont connus. Une sympathie naît soudaine. Et le voici, peignant le vieil aveugle, vêtu de vêtements de clarté, assis largement dans un fauteuil, tel qu'il se rêve lui-même, devant l'avenir. Cette œuvre, récemment découverte, appartient au musée de La Haye. D'autres fois, c'est l'image d'une jeune fille toute recueillie dans son innocence, toute pure et candide, qu'il pare d'une belle robe de noce et dont lui-même — on le pourrait croire — s'approche paternellement pour parler d'amour et de maternité future. Ses mains, avec un infini respect, avec une tendresse profonde, attouchent la jeune poitrine cachée sous la robe, réalisant un des gestes les plus

Cliché Neurdein.

BETHSABÉE (1654).
(Musée du Louvre.)

vrais, les plus chastes et les plus beaux de la peinture. L'homme et la femme — on intitule énigmatiquement le groupe : *La Fiancée juive* — déploient un luxe d'ors, de velours et de soie qui contraste avec l'intimité de la scène, mais qui explique d'autant mieux la passion de féerie et de chimère restée intacte dans le cœur de Rembrandt.

Il réalise encore avec la même liberté allant jusqu'à la témérité suprême, avec la même vision magnifique et folle, le *Saül* — récemment acquis par M. Bredius — et surtout *Esther, Assuérus et Aman*, que possède la reine de Roumanie. La mise en page est autoritaire, la violence des argents et des pierres brûle la toile, la psychologie des trois personnages est shakespearienne, les couleurs sont fastueuses, le dessin sûr comme au temps de la maturité. Le sceptre sortant soudain de l'ombre — tel un éclair — illumine toute la scène de son prestige. On dirait qu'il domine les trois acteurs du drame, sous le rai d'or de sa volonté dardée. Rembrandt meurt debout après ce dernier chef-d'œuvre.

V — Rembrandt graveur.

C'est au Rijksmuseum d'Amsterdam qu'on rencontre, je crois, la plus riche collection d'eaux-fortes signées Rembrandt ; c'est là qu'on peut se rendre, grâce aux superbes et très rares états de ses cuivres, le mieux compte de son œuvre et de ses procédés.

Avant lui, la gravure est avant tout un art d'école. Les

Italiens — surtout Marc-Antoine, — les Allemands — surtout Albert Dürer — ont travaillé leurs planches suivant des méthodes fixes, suivant une façon quasi mécanique de conduire le trait, suivant une ou plusieurs formules bien définies et constamment respectées.

Lucas de Leyde, celui que Rembrandt admirait comme un maître, n'échappe point encore à la manière. Il maintient la juxtaposition graduée des traits soit rectilignes, soit concentriques, suivant la forme des objets ; il ne soupçonne point le jeu libre des beaux blancs mis en opposition avec les noirs profonds ; il ne se doute point des ressources du burin, ni de la pointe ; il œuvre honnêtement, ponctuellement, habilement, mais sans fougue ni sans audace.

Rembrandt révolutionne le domaine de la gravure avec la soudaineté et la décision du génie. On dirait qu'il entre le premier dans cet art, que nul avant lui n'ait tenu entre ses doigts l'outil d'acier et que la plaque de cuivre n'ait jamais dévoilé ses ressources à personne.

Dès ses premiers essais — 1628 à 1631 — il se conquiert. Le portrait de sa mère, le sien, connu sous le nom de *Rembrandt aux trois moustaches*, révèlent déjà quelle sera son originalité. On n'y surprend aucune manière, sinon celle qui deviendra la sienne. La pointe s'émancipe, elle mord le métal avec acuité et indépendance. Ce ne sont plus des traits réguliers, mais comme un embrouillamini de hachures, les unes en toile d'araignée, les autres en pattes de mouches, toutes concourant soit à des harmo-

Cliché Bruckmann.

PORTRAIT DU BOURGMESTRE SIX (1654).
(Collection Six, Amsterdam.)

nies de valeurs, soit à des oppositions ou à des jeux d'éclairages et de ténèbres plutôt qu'à des ensembles de lignes. Le caractère est recherché avant tout. La vie des clairs et des sombres, leur violence audacieuse, mais réglée, apparaît.

Voici *Diane au bain* (1631), où les noirs reculés dans le fond de la planche et s'épaississant comme des dessous de feuillages denses et lourds rejettent si heureusement le corps de la déesse en pleine lumière. Le modelé des chairs est sommaire : pourtant on y sent toutes les rotondités de la graisse se bosselant aux cuisses et au ventre, et se resserrant autour des bras et du cou. La Diane, certes, ne vient pas de l'Olympe, elle sort plutôt d'une cuisine. N'importe, l'œuvre est trop belle de métier pour qu'elle ne balaie point les réticences de toute critique. Le *Vieillard au manteau de velours* (1635) affirme plus encore que la *Diane au bain* la force personnelle du magnifique graveur qu'est Rembrandt. L'étoffe somptueuse du manteau est traitée avec une ampleur que ni Dürer, ni Lucas de Leyde n'eussent même pu soupçonner. Le visage du vieillard éclairé de profil baigne dans la pénombre, tandis que sa barbe, comme immatérialisée de lumière, jette de la neige pure sur le pourpoint. Dans le *Portrait de Saskia* (collection Diaz), la face est d'une blancheur admirable. Tous les traits comme furieux de l'esquisse servent à mettre ce beau visage calme en évidence.

Nous ne pouvons insister sur tous les chefs-d'œuvre gravés par Rembrandt. Seuls les principaux nous arrêteront.

La *Résurrection de Lazare*, par sa téméraire et comme tonnante clarté refoulant loin d'elle les ténèbres, et réalisant ainsi par sa composition même tout le prodige que contient le sujet, attire avant tout l'admiration. Devant le cadavre que la terre comme violée livre au jour, devant cette sorte de cataclysme qui la secoue et la vainc, le Christ, calme et grande figure, debout en face de la mort, semble vraiment commander aux forces souveraines. Tout le surnaturel du drame est ressenti par les spectateurs et se traduit en leurs bras rejetés vers l'effroi, tandis que Jésus se montre si sûr de sa puissance que son geste qui brise une des lois de la vie apparaît le plus aisé et le plus naturel du monde. De brusques ombres cassant la fulgurante lumière achèvent d'imprimer à la scène tout son mystère et toute sa grandeur.

Joseph racontant ses songes et *La Mort de la Vierge* étonnent autant. Dans cette dernière composition, Marie expire en son lit, assistée d'un médecin, veillée par des apôtres et par des femmes, au milieu d'une salle étrange, fermée de grands rideaux. Des personnages énigmatiques s'y coudoient. Une sorte de grand rabbin, le front surmonté d'une mitre contournée, se hausse au pied du lit, un enfant de chœur tient une croix au sommet d'une hampe, quelqu'un lit dans un livre grand ouvert, tandis que le plafond tout à coup s'entr'ouvre sous la poussée des anges qui volètent, se penchent et adorent.

Comme dans la *Résurrection de Lazare*, la scène est toute d'étrangeté.

Cliché Hanfstaengl.

PORTRAIT DE REMBRANDT (1655).
(Collection de M. Robert von Mendelssohn, Berlin.)

Pourtant, ici, une intimité émue se mêle à la magnificence. L'agonisante est entourée de tendresse et de bons soins pieux. Une fougue énorme guide le burin qui innove, dans la partie supérieure de la planche, on ne sait quelle impressionnante et très libre facture.

Quand, après la mort de sa première femme, Rembrandt s'isole à la campagne et se laisse conquérir et peut-être consoler par les bois, les prés et les horizons calmants, la notation des effets du ciel et du sol le tente. Certes, ce ne sont là qu'aide-mémoire ou esquisses rapides prises comme en marge de son œuvre. Ces études d'après nature, où il s'inquiète pour la première fois de la réalité nue sans se donner la peine de la hausser jusqu'aux plans de sa vision éclatante, sont riches en détails observés et notés de main sûre et nerveuse. En voici quelques-unes : *Le Moulin*, *La Vue d'Omval*, *Le Pont de Six*, *Le Canal*.

Aussitôt après, dès 1648, il nous donne le *Docteur Faustus*, une merveille. Le célèbre savant, debout devant sa table de travail, regarde la fenêtre. Derrière elle, semble passer un personnage dont on découvre le bras et la main, et dont la tête est remplacée par un cartouche rayonnant où se lisent les noms du Christ, et, parmi d'autres caractères, le nom d'Adam. La lumière qui en émane inonde les livres, la mappemonde et la tête inquiète et interrogative de Faust. Comme toutes les grandes œuvres du maître, cette planche est baignée de mystère et foudroyée de prodige. Elle angoisse, et, comme le docteur lui-même, celui qui l'analyse est dans l'attente.

Le travail en est à la fois violent et doux. L'ombre semble vivre. L'atmosphère vague qui enveloppe les objets évoque les anciens laboratoires des alchimistes où les vérités n'apparaissent qu'à la lueur des feux et sous le voile transparent des fumées. Le burin de Rembrandt a rendu ce milieu éclatant et fantastique.

Restent à étudier les trois plus célèbres eaux-fortes et quelques portraits.

Jésus guérissant les malades, connu sous le titre *La Pièce aux cent florins*, n'a point, à nos yeux, le prestige des deux autres. Certes, le groupement en est heureux, l'éclairage parfait, le type du Sauveur d'une bonté, d'une charité, d'un rayonnement superbes, mais la planche entière n'est pas aussi caractéristique du génie du maître que *Le Christ montré au peuple* et *Le Calvaire*, autrement appelé *Les Trois Croix*.

La première œuvre a subi plusieurs changements. On les peut constater au Rijksmuseum d'Amsterdam. Rembrandt a comme hésité entre différentes dispositions de groupes et de lignes monumentales. Celle à laquelle il s'arrête a le grand avantage d'isoler et de mettre en évidence le Christ, et — tant par l'animation que donnent aux frontons les cariatides et aux fenêtres les personnages apparus que par les bandes de peuple et de soldats évoluant au long des perrons et des escaliers — de réaliser un monument qu'on dirait animé. La cour du palais, où la scène a lieu dans une enceinte de pierres, vit tout entière et participe à l'action comme si les hommes faisaient les

Cliché Hanfstaengl.

JACOB BÉNISSANT LES FILS DE JOSEPH (1656).
(Musée de Cassel.)

gestes architecturés. L'animé et l'inanimé se confondent, donnant une sensation rare et profonde quasi unique en art.

Mais la planche la plus éclatamment superbe est, sans conteste, celle des *Trois Croix*. Une atmosphère de fin d'univers. Des cataractes de clarté choient du ciel. Les trois suppliciés, le Christ et les deux larrons, s'érigent dans l'aveuglante lumière. Le geste défaillant de la Vierge, l'attitude extatique de saint Jean, l'agenouillement d'un homme armé au pied du gibet, le va-et-vient des soldats et des chevaux, les gens qui se rassemblent, les gens qui partent, tout le tumulte, toute la douleur, toute la cruauté, toute l'angoisse semblent comme une agitation vaine en présence de la grande lumière surnaturelle qui envahit toute la scène.

C'est uniquement du Calvaire, cette cime du monde moral chrétien, que Rembrandt a voulu évoquer l'image. Il y a admirablement réussi. Il n'a prétendu offrir au spectateur qu'un ensemble où grouilleraient les détails sans qu'ils puissent distraire de l'idée souveraine. Et son burin est devenu prestigieux. Des traits larges et violents, des ombres brusques et compactes, des blancs qui contiennent toute la lumière se meuvent, se tassent, s'illuminent sur la page, lui imprimant une sublimité unique.

Après cette série de grands chefs-d'œuvre, parmi lesquels il faut ranger encore *Tobie aveugle* (1651) et les *Pèlerins d'Emmaüs* (1654), le crayon de Rembrandt s'est complu à retracer de nombreux portraits d'amis. Il a déjà gravé Six et Asselyn, il s'est gravé — que de fois! — lui-même, et voici qu'il réussit ces deux merveilles : le *Docteur Tholinx* et l'*Orfèvre Lutma* (1656). Assis en son haut fauteuil, tenant en main une statuette, se détachant — ombre et lumière — sur un grand fond d'un blanc large, le marchand d'or, d'argent et de pierres regarde de biais, et son œil fin et sagace renseigne immédiatement sur le métier qu'il fait. L'œuvre est d'une perfection rare. Elle est en gravure ce que les *Syndics* sont en peinture. Elle représente ce moment de la vie du maître où toutes ses grandes facultés se sont comme équilibrées pour qu'il atteigne, lui aussi, l'ordre et la sobriété dans la force.

Nous terminons ici la nomenclature des eaux-fortes. Nous avons analysé les principales. Un examen plus étendu nous entraînerait trop loin, au détriment des réflexions données au caractère, à l'influence et à la technique de Rembrandt.

VI. — Technique, couleur, composition.

Elles ont varié continuellement. Elles ne suivent pas une marche ascendante. Parfois, elles reviennent à un point de départ que déjà l'on croyait oublié. On ne peut donc les fixer qu'en tenant compte de ces caprices. Au début de l'œuvre du maître, le faire et la facture sont menus, appliqués et soignés. Le coup de pinceau se distingue à peine, il se fond avec le coup de pinceau voisin, il s'étend en une sorte de glacis uni, propret et brillant. A preuve la

Cliché Hanfstaengl.

LES SYNDICS DES DRAPIERS (1661).

(Musée d'Amsterdam.)

Présentation au Temple, du musée de La Haye, et même la *Leçon d'anatomie*. Aussi la *Sainte Famille* du musée du Louvre, bien que postérieure de dix-huit ans aux deux précédentes œuvres.

Peu à peu la technique se libère et s'affirme. La main dans sa sûreté et sa force commande au pinceau. Elle appuie sur la toile, elle serre l'objet, elle le dessine avec de la couleur, elle se fait tour à tour légère ou pesante, caressante ou rude. Elle se prouve habile, mais cette habileté se refrène vite et jamais il n'est arrivé à Rembrandt d'aboutir à une œuvre creuse dont la virtuosité seule fait le mérite. Sa profondeur d'émotion et de vision le sauve toujours de cette charmante mais dangereuse faculté. La *Ronde de nuit* est créée ainsi. Voici l'époque où le faire s'élargit. La touche s'étend, se fortifie encore. Un coup de brosse est un modelé On suit le travail tout entier, franc et sûr, de l'un à l'autre coin de la toile. Aucun trait n'est écrit sans raison, nulle reprise, l'œuvre est faite avec méthode et sans trace d'hésitation.

Ce travail, qui sans cesse s'assagit et se surveille, aboutit à l'admirable œuvre des *Syndics*. Ici, tout est motif à exemple et à leçon. Rien n'est de trop, rien ne manque. Une maturité toute pleine encore de jeunesse et de force s'y prouve. Le métier est d'un maître qui ne doit rien à personne, qui a appris de lui-même par une pratique constante tout ce qui se peut acquérir de perfection dans un art.

Et tout à coup, la technique de Rembrandt se modifie

encore. La sagesse de sa facture fait place à une ardeur comme suprême et les coups de brosse violents et sauvages remplacent les traits mesurés et scrupuleux. A lui seul une telle étrangeté était permise. Tout autre se serait perdu dans le jeu et le tumulte d'un tel travail. Bien plus, quand il peint les rehauts d'un vêtement, l'orfèvrerie d'un joyau, la lumière d'un brusque et soudain éclairage, son pinceau devient comme un outil d'émailleur, et burine, et cisèle, et gratte, et fouille, et empâte, si bien que l'œuvre semble tributaire de plusieurs mains d'artistes. Rembrandt s'enivre de son métier, lui demande tout ce qu'un homme surhumain en peut tirer. S'il n'était un génie, on le prendrait pour un fou. Et cependant, c'est en ce travail suprême qu'il donne toute sa mesure, et qu'il s'impose surtout le maître de tous les maîtres.

Sa couleur évolue autant que sa technique. Rugueuse, sèche et cuite au début, elle s'assouplit presque immédiatement. D'une harmonie à base de jaune, elle descend à une tonalité dont les notes sonores vont du bleu au vert, pour bientôt se concentrer dans les tons retentissants ou les bruns et les roux assourdis. Ses premières œuvres notoires sont traitées ainsi. La plupart de ses portraits, le sien d'abord, ceux de Marguerite van Bilderbeecq et du calligraphe Coppenol, appartiennent à ce mode de colorer les choses. Le ton uni et fort dans les visages s'exalte sur fond sombre. Tandis que les portraitistes en renom, les Mierevelt et les Ravesteyn s'attachaient avant tout à rendre tout le ton local de l'objet, Rembrandt, obéissant déjà à sa vision intérieure, le modifie et pour ainsi dire l'illumine. Les teintes ardentes le séduisent surtout et c'est d'elles qu'il enveloppe la réalité. Quand il peint les premiers portraits de Saskia, sa palette devient riche et somptueuse. Jamais elle n'a brillé d'autant de couleurs. Pourtant, même à cette époque, la lumière enchante plus ses regards que les bariolages, si savants fussent-ils. Il n'est pas un peintre comme Rubens dont toute la joie consiste à déchaîner et à dominer toute la meute des verts, des rouges, des bleus, des jaunes. Pour Rembrandt, la sonorité s'obtient par des moyens très différents. Nous les examinerons en analysant sa composition et sa mise en page. Pour l'instant, qu'il nous suffise de prouver que dès après la *Ronde de nuit* la floraison de sa palette se restreint, se limite et se concentre. Quelques toiles ne sont plus que des sépias ardentes. Elles ne se colorent plus de toute la gamme du prisme. Les tons profonds, les tons graves et sombres sollicitent son attention et son étude. Il aime à juxtaposer les bruns couleur de bronze, les bistres couleur de plume ou de poil, les noirs luisants, les fauves et les roux enflammés, et c'est par leur orchestration très savante qu'il arrive à des effets prodigieux. Sur leurs basses sonores et puissantes, il plaque les accords des jaunes et des ors, et c'est ainsi qu'il réalise ses nombreux chefs-d'œuvre qui ont nom : les *Disciples d'Emmaüs*, le *Bon Samaritain*, la *Bénédiction de Jacob*, l'*Homère*, le *Saül*, le *Saint Mathieu*. Velazquez prenait les gris pour base de sa peinture, les rehaussant très discrètement de roses et de bleus,

Rembrandt, adoptant un procédé similaire, exalte quelques couleurs claires sur un fond brouillé et mystérieux.

Toutefois, sa technique et sa couleur s'expliquent mieux encore dès qu'on étudie sa composition. C'est cette dernière qui les légitime surtout. La plupart des Italiens, les Raphaël, les Jules Romain, les Guido Reni, construisent la solidité de leurs œuvres d'après une architecture quasi impeccable de lignes et de traits. Leurs fresques et leurs toiles témoignent d'un plan autant qu'un édifice et nulle œuvre n'est mieux à sa place que les leurs dans l'entrecroisement des arêtes d'une salle ou d'un temple. D'autres peintres, les Flamands surtout, composent de manière que ce soit la couleur elle-même qui arrange, d'après l'ordre et l'équilibre, leurs tableaux.

Rubens est le maître de tels décors superbes. Les rouges, les bleus, les jaunes, les verts se répondent de l'une à l'autre extrémité de sa page peinte. Parfois il les fixe comme en bouquets. Les chairs éclatent comme des roses et les vêtements de soie et de velours et de satin chantent autour d'elles comme un chœur de tulipes, de dahlias et de pivoines. L'œil est charmé plus que le jugement, la sensualité plus que l'esprit. Mais les yeux et la sensualité ont eux aussi leur raisonnement latent d'où dépendent et la volupté et la beauté. Aucun de ces deux procédés de composition n'a séduit Rembrandt.

Ce n'est ni la ligne ni la couleur qui guident ses arrangements, c'est uniquement la lumière. Lui seul a pu tenter le premier une telle aventure. Tout l'y poussait : sa nature de visionnaire, les sujets qu'il traitait, le monde de féerie et de prodige qui était le sien, l'éblouissement soudain qu'il éprouvait dès qu'il regardait en lui-même.

Sa tâche était ardue. La lumière telle qu'il l'entendait était le rayonnement. Elle n'était pas la lumière naturelle qui baigne les objets ou s'y réfracte et les anime de ses contrastes; elle était tout au contraire une sorte de lumière idéale, une lumière de pensée et d'imagination. C'est une telle lumière qui ordonne la composition chez Rembrandt. A ses yeux, où qu'elle se fixe, elle domine toute la scène, elle la maîtrise et l'équilibre. Qu'elle ait son centre, soit au milieu de la toile, soit à ses confins, toute l'ambiance se teinte et se modifie d'après elle. Parfois elle jaillit du corps même d'un personnage — exemple : *Le Christ et les disciples d'Emmaüs* du Louvre, — parfois d'un objet — exemple : l'inscription cabalistique dans la fenêtre du *Docteur Faustus*. Suivant ses divers effets, elle produit sur la page soit une asymétrie déconcertante, soit une très régulière et symétrique disposition. Mais, d'où qu'elle se lève, elle apparaît inédite, triomphante, prodigieuse. Elle est légère ou brusque. Elle court d'objet en objet comme un frôlement d'ailes avec des délicatesses, des surprises et des fuites infinies. Ou bien elle éclate violente comme l'éclair et il faut tout le génie du maître pour qu'elle tienne dans l'œuvre sans en rompre l'ordonnance. Dans la *Résurrection de Lazare*, elle fulgure comme le prodige lui-même et s'identifie avec lui.

Grâce à elle, Rembrandt parvient à s'exprimer comme

il le veut : ni la simple ligne, ni la couleur vraie ne lui auraient permis de révéler au monde l'univers d'étonnement et de grandeur qu'il portait en lui. Elle était, elle devait être son moyen d'expression : elle fut en outre le plus rare et le plus extraordinaire procédé que la peinture ait suscité parmi les grands maîtres.

VII. — L'INFLUENCE DE REMBRANDT.

Rembrandt, comme nous l'avons établi, demeure indépendant de l'école hollandaise du XVIIe siècle. On ne songe guère à lui quand on évoque cette période, bien qu'il la domine. C'est à ces petites, bien que merveilleuses lumières que furent les Metsu, les Terburg, les Steen que vole le souvenir. Son influence, locale, fut quasi nulle ; la leur fut prépondérante. En eux se retrouvent toutes les caractéristiques qui séparent une province d'art d'une autre. Lui, dont l'art se répercutera à travers les siècles, au point d'être moderne toujours, ne sera en son temps qu'un grand maître entouré d'élèves fervents. Eux seront l'âme même du peuple. D'ordinaire — mais ce ne fut guère le cas pour Rembrandt — les plus grands peintres sont les plus populaires. Tel fut le sort de Rubens.

A lui seul, ce dernier représente toute l'école flamande du XVIe siècle. Son temps et son milieu le forment et revivent en lui. Il les reflète en ses toiles, comme en une succession de miroirs. Son génie est fécondé par sa race, la féconde à son tour et lui donne de nouveaux génies

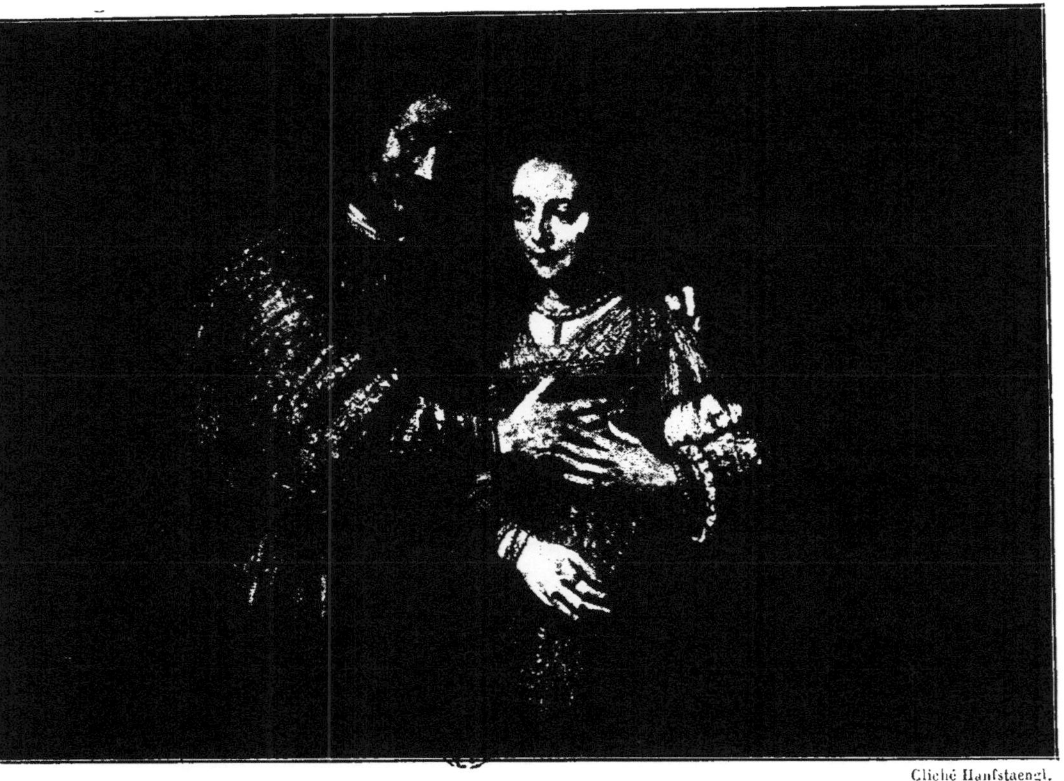

Cliché Hanfstaengl.

LA FIANCÉE JUIVE (vers 1668).
(Musée d'Amsterdam.)

semblables au sien. Rembrandt absorbe le talent de ses disciples ; tous sont éblouis par sa lumière unique. Rubens crée à côté de la sienne des personnalités admirables : van Dyck, Jordaens, Corneille de Vos, de Crayer.

Il est une force, non pas affranchie, mais dépendante ; une force intimement d'accord avec toutes les autres forces qui agissent à telle heure sur son pays. Il se répand, il se multiplie. Il est une plante admirable, poussée en un sol riche et favorable et dont les graines dispersées au vent germent où elles tombent. Rembrandt, plante très rare et solitaire, semble résorber toute sa force pour s'élancer plus haut, croître plus profond, au risque d'être improductive et stérile. — A l'heure où peint Rubens, tous les peintres de Flandre, les plus humbles aussi bien que les plus grands, peignent d'après lui, adoptent ses méthodes, suivent la tradition qu'il inaugure, se retrouvent eux-mêmes en le découvrant. Tous travaillent dans le jardin dont il ouvrit les portes.

Bien plus. Sa débordante influence s'étend si loin qu'elle gagne la statuaire et atteint l'architecture. Duquesnoy et van Opstal transportent dans leur art les enseignements qu'il donne aux peintres. Ils sculptent des corps massifs et sains, puissants et rouges comme ceux qu'il peint en ses drames chrétiens ou mythologiques ; ils adoptent sa facture large et massive, ils sont comme lui plus coloristes que formistes. Toutes les lignes raides et figées de l'art monumental s'animent suivant le mouvement nouveau qu'il imprime aux choses. Son mauvais goût, son amour de la profusion et de la redondance, son désir d'étaler de la force et de la vie, s'affichent partout. Les façades des maisons, les autels des églises, les plafonds des palais en gardent la marque ardente et tout un style — celui qu'on appelle jésuite — sortira comme tordu d'entre ses poings. Bien plus encore. Il enverra en Angleterre, tel un ambassadeur, le bel Antoine van Dyck, afin qu'il imprime le sceau de l'art flamand à la nouvelle peinture insulaire. Il s'en ira lui-même en France peupler de ses figures tout un palais et préparer l'art des Largillière et des Rigaud en attendant qu'il séduise Watteau et éveille au sens des fortes et harmonieuses couleurs toute la peinture romantique du XIXe siècle.

Aussi son influence perdure-t-elle en son pays. Elle commande pendant tout le XVIIe siècle; on la sent présente dans la pleine décadence du XVIIIe siècle. Quand David dessèche tout, le vieux Herreyns la subit et la glorifie encore. En 1830, dès que l'éveil moderne s'annonce, les Wappers, les de Biève et les de Keyser la font revivre et éclairent de sa flamme leur impuissance. Aujourd'hui encore, parmi les plus jeunes des peintres belges, sa palette violente et sonore sert à ceux qui veulent à tout prix regarder le passé et retrouver la force dans les traditions lointaines.

Telle est l'influence locale et générale de Rubens. Celle de Rembrandt est tout autre. Elle n'inquiète, d'âge en âge, que les grands maîtres. Elle abolit le temps et les milieux. Qui la cherche la surprend à cette heure même, chez un des plus grands peintres français contemporains : Carrière.

Au XVIIe siècle, elle ne franchit guère les murs d'un atelier. Fabritius, van Gelder, van Eeckhout, Lievens s'en imprègnent. Ils imitent le maître. Il leur apprend sa manière étrange de présenter les sujets ; ils affublent leurs personnages de défroques exotiques ; ils les enturbannent et les chargent de joyaux ; ils les exposent en des clartés comme surnaturelles. Tout comme Rembrandt, ils ne semblent peindre que des miracles et des prodiges, mais, quoi qu'ils fassent, leur art, tout en reflet, manque de sincérité puissante et leur force apparaît factice et empruntée.

L'étonnante lumière dont Rembrandt se sert pour souligner la psychologie si profondément humaine de son œuvre ne devient, entre leurs mains, qu'un simple élément pittoresque, si bien qu'éduqués par le génie, ils rejoignent par un chemin détourné les peintres de talent comme Gérard Dou. Ils ne brillent que comme des prismes et non pas comme des feux personnels. On aurait le droit de les oublier — à part Fabritius et van Gelder — s'ils n'avaient fait partie des hommes de choix qui, par leur attitude de disciples et d'admirateurs, parvinrent à maintenir le respect autour du grand méconnu. Il les aimait, parce qu'il s'aimait soi-même en tous ceux qui vivaient avec lui et par lui, il leur fut bon et serviable, de conseil désintéressé et clair ; il les grandissait en les approchant. Il en fit ses compagnons. Son amitié ne calculait rien. Elle ne se faisait point autoritaire. Quand l'un d'eux, un tout jeune homme, Fabritius (mort à vingt-neuf ans) avait besoin d'un modèle, dans sa *Décollation de saint Jean-Baptiste* (musée d'Amsterdam), c'était lui Rembrandt, le maître, qui lui posait la figure du bourreau. Et le voici, manches retroussées, le col de la chemise ouvert sur les poils de la poitrine, qui se campait, dans cet accoutrement et ce métier vil, devant le public.

VIII. — La survie de Rembrandt.

L'éternité n'appartient qu'aux forces cosmiques. Les personnalités les plus hautes s'évanouiront un jour, on ne sait quand, des plus fidèles et des plus tendres mémoires. Même ceux qui identifièrent le cours de leur vie, — dieux ou rois, — avec l'existence du soleil, se sont enfoncés, comme les autres, dans l'oubli. Ni les livres, ni les marbres, ni les bronzes ne conservent rien à jamais. Chose lugubre à penser : les toiles les plus célèbres, par la fragilité même de leur matière, se consumeront d'ici à quelques siècles.

Un jour, on ne connaîtra plus que par des copies fatalement inexactes et la *Joconde* de Vinci, et l'*Érection de Croix* de Rubens, et les *Noces de Cana* de Véronèse, et les *Disciples d'Emmaüs* de Rembrandt.

Contre cette loi si profonde, le cœur de ceux qui vivent s'est constamment révolté. L'histoire est, avant tout, un monument d'orgueil. Quelques-uns, parmi les plus réfléchis, rêvent d'en faire uniquement une sorte de bible de l'expérience et de la sagesse, mais leur désir échoue devant l'unanime vanité.

Pourtant, comme au fond de toute erreur on découvre des parcelles de vérité broyée ou méconnue, le culte des grands hommes peut apparaître logique et profitable à quelques bonnes intelligences.

Elles disent : « Les plus beaux gestes, les plus belles paroles doivent être conservés de siècle en siècle afin que le trésor de notre race perfectible en soit augmenté. Les suprêmes humains indiquent aux autres la voie la plus sûre, ils jalonnent l'histoire et se passent dans la nuit les flambeaux directeurs. L'art, comme la science, traverse des périodes de ténèbres : les grands peintres, les vrais savants doivent être honorés et déifiés pour guider, parfois, instruire, souvent, et resplendir, toujours. »

Au décès de Rembrandt, on aurait pu craindre que jamais il n'aurait pris place parmi les grands morts.

Comme il n'exprimait guère son pays, le goût hollandais le condamna. La mode honorait les petits maîtres, elle favorisait les portraitistes d'ordre inférieur.

Quelques années plus tard, elle s'engouait d'une peinture mesquine et propre, d'une technique uniquement habile et correcte. Les van der Werf, les Mieris, les Philippe van Dyck, tous les peintres de l'afféterie, de la mignardise et de la frivolité s'imposaient. Un crépuscule fade et rose ensevelissait toute la peinture. Le XVIIIe siècle français survint à son tour. L'art devint charmant, précieux, adorable.

Certes Watteau, Chardin, Fragonard sont des artistes hors ligne, mais combien leur génie est éloigné de celui d'un Rembrandt! Où celui-ci ne cherche que l'émotion simple, que la force nue et profonde, que le pathétique sanglotant et criant, eux instaurent la grâce et la clarté. Leur humanité modère ses pleurs, voile sa détresse, enchante sa folie. Ils veulent que la vie avec toutes ses misères soit une fête quand même et que la beauté soit. avant tout, un sourire.

Heureusement que déjà, même du vivant de Rembrandt, une rare élite d'amateurs d'art recueillit ses toiles, avec intelligence. Elles attendirent là, patiemment, l'heure de la justice. En Angleterre, en Allemagne, en Russie, en Suède, elles émigrèrent. On leur réserva une place aux murs d'un château, dans la chambre d'un bourgeois riche, quelquefois au fond d'une salle d'édifice public. Ni les églises, ni les temples ne leur furent hospitaliers.

Mais pour que toute la gloire qu'elles portaient en elles apparût, il fallait que se levât notre âge avec son amour effréné de pathétique, de drame et de vie. Il fallait que l'on se reprît à étudier la peinture en son essence, c'est-à-dire à y chercher l'harmonie des couleurs, des tons et des valeurs. Il fallait, enfin, que, négligeant l'art de David qui est, avant tout, sculptural, l'art des Romantiques qui est, avant tout, littéraire, on s'éprît de maîtres qui manifestent la grandeur et la profondeur de leurs conceptions, uniquement avec les moyens de la peinture. Rembrandt est de ceux-là : puisque tout ce qu'il traduit, quelle qu'en

Cliché Bruckmann.

PORTRAITS DE FAMILLE (vers 1668-1669).
(Musée de Cassel.)

soit la nature merveilleuse et surnaturelle, est exprimé avec des blancs et des noirs, avec des formes harmonieusement peintes.

Aujourd'hui il règne dans toutes les collections et sa place y est prépondérante. Le Louvre, la National Gallery, les musées d'Amsterdam, de Munich, de Dresde, de Saint-Pétersbourg, de La Haye sont spécialement rayonnants de ses œuvres. Le Prado de Madrid, les Uffizi, les collections romaines et vénitiennes sont les moins bien partagées. Rembrandt ne fut jamais un homme de cour comme Rubens, Titien ou Velazquez. Les grands n'ont point sacré de leur faveur ni de leurs louanges son œuvre haute. C'est la critique enfin revenue d'engouements séculaires et de préjugés d'écoles qui, la première, avec les grands peintres du siècle dernier, l'a mise en valeur et en rayonnement. C'est Fromentin, c'est Charles Blanc, c'est Vosmaer, c'est Burger, c'est Dutuit, c'est Taine. Ce sont les érudits : MM. Bode, Bredius, de Roever et Emile Michel. Sandrart et van Hoogstraeten, dès le XVIIe siècle, l'avaient célébré ; mais depuis leurs travaux, si l'on en excepte le catalogue publié par Gersaint, ami de Watteau, rien de sérieux ni de digne n'avait été tenté.

Peut être entrait-il dans le destin du plus grand et du plus original des peintres de ne devoir sa réhabilitation qu'à l'art lui-même. Or, jamais comme au siècle dernier, l'art n'entra dans la vie de tous. Avant cette époque, il était considéré comme une fleur de luxe ; seuls les rois et les seigneurs le connaissaient et l'appréciaient ; il s'isolait du peuple et de la foule, on le gardait comme si tout à coup il aurait pu aider à quelque émancipation dangereuse.

Ce fut, en effet, grâce à une révolution que les musées naquirent, que les artistes eurent, eux aussi, leurs palais comme les rois, et que l'esprit de liberté et d'indépendance affiché dans leurs toiles fut montré à la masse, partout.

Bientôt les Louvre, les Prado, les National Gallery ne suffirent plus pour les célébrer et les grandir. On imagina de grandes fêtes artistiques, des assises de beauté, tenues çà et là dans les capitales. A Amsterdam, à Bruges, à Anvers, à Paris, on organisa des exhibitions cycliques soit en l'honneur de tel ou tel génie, soit en l'honneur d'une école tout entière. Et l'on vit, en Europe, à certaines dates d'anniversaire, tous les peintres, tous les mécènes, tous les esthètes, tous les critiques, se transporter au loin comme au temps des pèlerinages religieux.

Ce fut la Hollande qui prit l'initiative de telles manifestations. Elles se sont multipliées depuis. Toutefois aucune d'elles n'eut la solennité et la splendeur de celle qui, en 1898, réunit au Musée de la ville d'Amsterdam tous les chefs-d'œuvre inconnus de Rembrandt et appela pour les admirer tous ceux qui, dans le monde, portent en eux son culte. Ce fut une tardive mais éclatante réparation. Celui qu'au XVIIe siècle son pays avait méconnu, celui que Banning Cocq et ses amis, dont les effigies, parmi tant d'autres, illustraient une des salles, avaient raillé, vilipendé et insulté, celui qui n'avait pu trouver créance

RÉSURRECTION DE LAZARE (eau-forte) (vers 1632).

chez les ancêtres de ses admirateurs actuels, s'imposait là en sa gloire plénière. On ne discutait plus, on vénérait.

Cette ville d'Amsterdam qui l'avait appauvri, cette ville dont les hommes de loi avaient jadis dispersé ses biens et l'avaient obligé à vivre de misère jusqu'au dernier jour de sa vieillesse, il l'enrichissait à cette heure en concentrant autour de son œuvre l'or des mécènes et des visiteurs. Son pays qui l'avait trahi, traqué, repoussé, il l'illuminait avec sa gloire, si largement, qu'aux yeux de plusieurs, il était la raison d'être la plus belle et la plus nette de l'existence même de son peuple. Car si, — comme beaucoup de penseurs le croient, — la fonction suprême des collectivités est de susciter et de produire des grands hommes, quelle nation aurait plus de titres à se maintenir vivante et intacte que celle qui fut l'occasion du surgissement soudain et magnifique d'un Rembrandt ?

La fête et la réparation furent, du reste, uniques. L'enthousiasme contenu des organisateurs, l'admiration absolue des visiteurs se rencontrèrent. Jamais hommage ne fut plus ardent ni plus unanime. Du 18 septembre au 31 octobre 1898, Rembrandt régna comme une énorme puissance spirituelle sur l'Europe pensante tout entière. Savants, artistes, philosophes vinrent le visiter dans sa survie et prendre des leçons d'humanité et d'art en tête à tête avec ses œuvres.

L'Exposition occupait plusieurs salles. A côté de grandes œuvres connues : la *Ronde de nuit*, les *Syndics*, la *Fiancée juive*, qu'avait prêtées le Rijksmuseum, plus de cent œuvres, quasi inconnues, s'alignaient au long des rampes. Elles appartenaient à des collections célèbres de Paris, de Berlin, de Glasgow, de La Haye, d'Édimbourg, de Munich, de Vienne, de Cracovie, de Leipzig, de Weimar, de Hambourg, de Copenhague, de Cologne, de Vienne, de Budapest, de Saint-Pétersbourg et de Londres. Toute l'Europe avait collaboré à cette apothéose. Un Rembrandt quasi inconnu apparut alors. On pensait le connaître grâce à son œuvre immense répandu à travers le monde. Au musée de la ville d'Amsterdam, cet œuvre apparut plus prodigieux encore. Que d'effigies humaines s'étaient réfugiées là au long des cimaises! Elles avaient vaincu la mort et s'étaient, elles aussi, rassemblées pour célébrer leur peintre.

Avant tout, Rembrandt était jugé par les critiques, comme un traducteur de la force, de la puissance, de la douleur. Et voici qu'il se prouvait dans le *Seigneur tenant un faucon* (collection du duc de Westminster) et dans la *Dame à l'éventail* (même collection) un peintre que l'élégance et la grâce séduisent autant que la gravité. Des visages de jeunes filles naïves, claires, charmantes apparaissaient, dotant son génie de surprenantes qualités de fraîcheur, de douceur et de virginité. Tout cela ne traduisait point une réalité crue, mais une vie exquise et transfigurée. A l'une on pouvait donner, si peu qu'on le désirât, le nom d'Ophélie; l'autre se serait appelée Titania; celle-ci eût été Desdémone, et celle-là Juliette. Bouches de jeunesse et de candeur, chairs de clarté et

LA MORT DE LA VIERGE (eau-forte) (1639).

de printemps, regards venus on ne sait de quels horizons fabuleux, fronts façonnés pour porter des couronnes, mains frêles où seules les fleurs ne pesaient pas, tous ces corps d'héroïnes graciles avouaient de quelles chimères exquises le cerveau de Rembrandt était hanté.

Comme toujours il vivait dans un mirage et peignait des miracles entrevus. Plus loin, il redevenait grave et pieux. La *Vieille femme lisant un livre* manifestait une perfection si unie et si totale qu'on s'arrêtait devant elle comme devant une œuvre impeccable. Rien n'était à reprendre, toute velléité de critique tombait. Le livre que la vieille femme tenait en mains et d'où la clarté semblait sortir éclairait, par contre-coup, de bas en haut, son visage, et l'ombre que la grande coiffe projetait sur son front s'animait de lueurs. Le modelé de la face et des mains, le calme des yeux attentifs, l'allure grande et simple imposaient l'admiration entière. On se trouvait en présence d'une merveille évidente qui se manifestait là telle qu'un axiome, et la foule qui, ailleurs, osait élever la voix se taisait brusquement ici. Le phénomène était curieux à observer, d'autant que, devant les *Syndics*, il se reproduisait.

C'était encore : l'*Homme portant une cuirasse* (galerie de Glasgow) qu'on eût pu croire jouant le personnage du vieux Lear, quand celui-ci, désespéré et torturé, songeait à sa royauté morte, sous le pourchas des tempêtes ; le *Vieillard portant une pelisse*, dont le visage semblait usé d'avoir regardé, pendant combien d'années, la vie ; la

Vieille femme se coupant les ongles (collection Rodolphe Kann, à Paris), et surtout l'admirable *Nicolas Ruts* (collection Pierpont-Morgan) et le *Jean Six à la fenêtre* (Musée Bonnat, à Bayonne).

Rembrandt célèbre et glorifie chaque modèle qu'il peint. L'art du portrait devient, grâce à son génie, l'art des apothéoses. Aucun artiste ne l'a compris de façon plus personnelle et plus étrange. Le modèle n'existe à ses yeux que pour autant qu'il lui fournit un sentiment ou une vérité profondément humaine à exprimer. Il ne lui supprime rien de ce qu'il lui paraît être.

Il accentue et approfondit, puis après, — et c'est sa plus évidente originalité, — il surnaturalise. Son *Vieux Rabbin* (collection Derby, à Londres) n'est pas seulement la gravité, la textualité, le dogme même, il est tout cela sublimé comme si Dieu lui-même lui avait imposé le devoir d'être tel. Le *Portrait de Titus van Ryn* (collection Rodolphe Kann) n'est pas seulement l'image d'un jeune homme ; il est la jeunesse, la vivacité, la souplesse ; bien plus, grâce à une sorte de lumière qui vient de lui, qui émane de son visage et de sa chair, il se manifeste comme une apparition de toute la gracilité de la vie.

Jamais Rembrandt ne cesse d'être une sorte de magicien qui peint. Qu'on examine ses portraits dont la réalité semble la plus fidèlement traduite, toujours, soit par un éclairage soudain, soit par un rayonnement émanant on ne sait d'où, soit par une surprise de tons ou de mise en page, l'évocation plutôt que la présence réelle du

LE DOCTEUR FAUSTUS (eau-forte) (1648).

modèle s'impose. Certes le corps est admirablement établi, le visage en ses divers plans magistralement traité, les mains sont vivantes et souples; les épaules, le cou, le buste entier apparaissent d'une masse juste; le personnage entier pourrait se lever, marcher, s'asseoir, et se mêler aux spectateurs.

Néanmoins, si une telle surprise avait lieu, personne ne se pourrait défendre de la crainte d'être mis en présence de quelqu'un, en même temps d'aussi près et d'aussi loin de soi-même.

Le monde des vivants que Rembrandt représenta est donc un monde bien à lui, tout comme le monde de ses légendes et de ses fables. Parmi les portraitistes de tous les temps, il est celui qui se rapproche le plus du thaumaturge.

L'Exposition organisée au Musée de la ville d'Amsterdam prouvait à l'évidence et imposait de telles remarques. Elle eut un retentissement immense parmi les critiques et les artistes. Elle émut le monde.

Au moment où les fêtes uniquement religieuses semblaient ne plus rappeler que le passé, elles inauguraient les fêtes de l'avenir. Depuis lors, d'autres assises artistiques se sont tenues: celles de van Dyck, celles des Gothiques de Flandre, celles des Gothiques de France. Désormais, à côté de la fête du peuple qui, au premier mai, célèbre le Travail, à côté de la fête du soleil qui, au solstice d'été, célèbre la Nature, il faudrait que chaque année, dans l'une ou l'autre des nations d'Europe que l'art décore, on choisît quelque glorieux anniversaire pour célébrer la Peinture.

Le nom de Rembrandt pourrait réapparaître souvent au programme de ces solennités et sa survie s'implanter ainsi de plus en plus profondément dans la mémoire, l'admiration et l'amour des hommes.

IX. — Conclusion.

Rembrandt est, nous l'avons déjà dit, le peintre des miracles. Il doue d'authenticité le surnaturel. Pour y réussir, il n'y a qu'un moyen : confondre volontairement le mystère et la vie, les tordre en un même éclair. Rembrandt y parvient toujours, parce qu'il est, en même temps qu'un peintre divin, le peintre le plus émotionnellement humain. Il tient entre ses mains les deux tronçons de la foudre. Il recueille les pleurs, les cris, les joies, les souffrances, les espoirs au plus intime de nous-mêmes et nous montre le Dieu qu'il célèbre, agité des mêmes tumultes que nous. Ou bien encore, il nous le présente avec une telle douceur, une telle bonté, une telle sérénité qu'il nous impose le prodige par l'amour. Son Christ, ses patriarches, ses saints, ses apôtres qu'il meut et qu'il éclaire dans la région des étonnements et des visions ne sont que des hommes plus profondément hommes que nous. Les artistes du moyen âge nous faisaient accéder au surnaturel, grâce à des dons de naïveté et de candeur. Lui, il nous y mène par les chemins de la souffrance, de l'angoisse, de la tendresse, de la joie, c'est-à-dire par les chemins de la vie totale.

JÉSUS GUÉRISSANT LES INFIRMES (eau-forte dite LA PIECE AUX CENT FLORINS) (vers 1650).

Les Rubens, les Titien, les Véronèse, les Velazquez ne sont pas même religieux. Ils trouvent dans la Bible et la légende de belles mises en scène ; ils interprètent les textes d'après leur fantaisie ; ils n'ont point le respect et l'adoration du sujet qu'ils interprètent ; ils ne descendent point assez profondément en eux-mêmes pour y découvrir le Dieu que tout grand homme porte en soi-même. L'art leur est plaisir, l'art les enflamme et les enivre : leurs chefs-d'œuvre sont une exaltation des belles formes de l'existence. Ils ont la vue, ils n'ont pas la vision. Rembrandt, tout comme Dante, comme Shakespeare, comme Hugo, est voyant. Jamais peintre ne le fut comme lui, et c'est pourquoi il les domine tous.

Il s'est, comme nous l'avons dit, libéré autant qu'on le peut, de son temps et de son milieu.

Et vraiment fallait-il qu'il le fît pour n'être que du pays et de l'heure de son imagination et de son rêve. Ainsi s'essore-t-il tout naturellement en plein prodige et le traduit-il tout naturellement par son pinceau.

Son tempérament, son caractère, sa vie, tout conspire à nous montrer son art tel que nous avons essayé de le définir. Une profonde unité les scelle. Et n'est-ce pas vers la découverte de cette unité-là, qui groupe en un faisceau solide les gestes, les pensées et les travaux d'un génie sur la terre, que la critique, revenue enfin de tant d'erreurs, devrait tendre uniquement ?

Ceux dont la postérité se souvient apparaissent, s'ils sont très grands, comme des forêts formidables et sauvages Il y faut tracer des chemins qui partent tous d'un point unique pour qu'on puisse parcourir sans fatigue leur étendue mystérieuse et se retrouver soi-même, après ces explorations solennelles, émerveillé et grandi.

FIN

TABLE DES GRAVURES

TABLE DES MATIÈRES

2591-04. — CORBEIL. Imprimerie Éd. CRÉTÉ.

www.ingramcontent.com/pod-product-compliance
Ingram Content Group UK Ltd.
Pitfield, Milton Keynes, MK11 3LW, UK
UKHW021100260726
13994UKWH00002B/622

9 782329 352909